春潮NOV+

回到分歧的路口

Bird by Bird

Some Instructions on Writing and Life

一只鸟接着一只鸟

关于写作与人生的建议

[美] 安·拉莫特 著　　朱耘 译

中信出版集团 | 北京

图书在版编目（CIP）数据

一只鸟接着一只鸟：关于写作与人生的建议 /（美）安·拉莫特著; 朱耘译. -- 北京：中信出版社, 2023.3 （2025. 2重印）

书名原文: Bird by Bird: Some Instructions on Writing and Life

ISBN 978-7-5217-4974-8

Ⅰ. ①一… Ⅱ. ①安… ②朱… Ⅲ. ①写作—方法 Ⅳ. ①H052

中国版本图书馆CIP数据核字(2022)第249657号

一只鸟接着一只鸟：关于写作与人生的建议

著　　者：［美］安·拉莫特
译　　者：朱　耘
出版发行：中信出版集团股份有限公司
（北京市朝阳区东三环北路27号嘉铭中心　邮编　100020）
承 印 者：嘉业印刷（天津）有限公司

开　　本：880mm × 1230mm　1/32　　印　　张：8.5　　字　　数：154千字
版　　次：2023年3月第1版　　印　　次：2025年 2月第8次印刷
京权图字：01-2022-6847
书　　号：ISBN 978-7-5217-4974-8
定　　价：56.00元

服务热线：400-600-8099
投稿邮箱：author@citicpub.com

Contents

目录

第二部分 写作的心境

第三部分 一路帮助你

Introduction

前言

所有出色的写作指南都没提到的关键，

我将毫无保留地告诉你

从小，我的父母一有空便会看书，每个星期四晚上也会带我们到图书馆借一堆书，供接下来的七天阅读。晚上，父亲吃完饭后大多会舒服地半躺在长沙发上看书，而母亲会拿着书坐进安乐椅，我们三个小孩则在各自的小角落阅读。我们家一到晚餐后便安静无声——除非父亲的作家朋友们来访。我父亲是作家，来往的男性朋友也大多是同行。他们大部分都相当有男子气概又很和善，但并非世上最安静的人。每天下午，当一天的工作告一段落后，他们通常会聚在索萨利托一家无名的酒馆，有时会来我家喝点小酒，最后干脆留下来吃晚餐。我喜欢他们，但常会有人在晚餐桌上醉倒，我本来就是个容易焦虑的小孩，这常令我紧张不安。

无论父亲前一天熬到多晚，他都会在每天清晨五点半起床，到书房写两三个小时，然后帮全家做早点，和我母亲一起读报纸，再回书房继续写作。多年后我才明了，他居家以写作为生完全是出于自己的选择，而不是找不到其他工作或精神有问题。我总希望他有一份固定的工作，每天系着领带，坐在小办公室里抽烟。但整天坐在办公室里，并不符合我父亲的个性，我想这种工作模式会害死他。虽然他只活到了五十多岁，但至少一直以自己喜欢的方式过活。

他整天都坐在书房里，撰写跟他所见所知的人与地有关的书和文章。我从小就跟这样一个人共同生活。他读很多诗，有时也外出旅行；他会带着使命感去任何想去的地方。当作家的好处之一，便是工作给了你去做任何事的理由，去任何地方挖掘、探索的理由。另一个好处是，写作促使你更贴近生活，观察生活中沉重、低迷的时刻。

写作让父亲学会留意一切事物，他也教导其他人这一点，要他们写下自己的想法和观察。他的学生是圣昆丁监狱创意写作班的囚犯。他也会指导我，大多是通过范例。他要囚犯和我每天写点东西、阅读我们能找到的各种经典作品。他教我们读诗，教我们大胆创新，不要怕犯错，让我们明白瑟伯[1]的见解是如何正确："太怕犯错与犯错无异。"不过，在他帮助囚犯和我探索发掘自己希望与别人分享的情绪、观察、回忆、梦境和观点时，我们却总会为了一件美中不足之事而稍稍气恼，那就是我们终究必须真的坐下来写作。

在那段别扭的童年时光里，写作是我唯一的归属

当时，我还只是个孩子，因此我认为写作对我来说，理应比对那些囚犯容易；然而直到现在，我依然觉得写作很困难。我在七八岁时开始写作，那时的我是个非常害羞、长相难看、骨瘦如柴的小女孩，喜爱阅读胜过一切，神经紧绷到走起路来会像尼克松那样耸起肩膀。我有次观看一卷家庭录像带，是我一年级时去参加一场生日派对的情景，那些可爱的小男孩和小女孩全像小狗般嬉闹玩耍，而我却像只受惊的螃蟹，突然从屏幕前跑过，匆匆溜走。我显然是那种长大后会变成连环杀人犯或在家饲养几十只猫的怪人。那时的我应该很可笑，因为我根本不认识的一些年纪较大的男孩，会故意骑单车从我身旁掠过，嘲笑我的长相，每次都令我觉得自己是驾车枪击案的目标。我想这正是我走路像尼克松的原因：

1　詹姆斯·瑟伯：美国作家、漫画家。（本书注解如无特殊说明，均为译者注。）

我拼命想把耳朵缩进肩膀，却怎么也做不到。遭受的嘲笑促使我动笔写作，但我写下的并不全是好笑的事。

我第一首引起关注的诗与约翰·格伦[1]有关。诗的第一节如下：“约翰·格伦上校升上天，乘着友谊七号宇宙飞船。”这首诗有很多节，颇像我母亲边弹钢琴边教我唱的英国老歌谣，每首歌都长达三四十节，总是让我家的男性亲戚们有如被离心力压住般深陷在长沙发和扶手椅内，两眼呆滞地盯着天花板。

二年级的老师把我那首写约翰·格伦的诗念给全班听。那一刻感觉很棒：班上同学看着我的样子，就好像我学会了开车。结果老师把那首诗送去参加加州公立学校作文比赛，还得了奖，作品登在了一本油印的得奖作品集上。我立刻领略了那种看见自己的创作被刊印出来的兴奋感。你的名字和作品被印成铅字，等于拥有了某种根本证明，确认了你的存在。天晓得一个人为何会如此迫切地渴望受人瞩目，像长满刺的深海生物，从自己的小洞穴向外窥望，渴望被注意到，而不想感觉自己被困在了混沌的内壳中。看到自己的名字和作品被印成铅字，公之于世，感觉是如此奇妙——你不用亲自现身，便能得到众多关注。其他有话要说或想要造成影响的人，例如乐手、棒球运动员或政治人物，都必须站出来公开亮相，而通常不善交际的作家，却只需要待在家里，就能为大众所

1　约翰·格伦：美国首位环绕地球飞行的宇航员。

知。这带来了不少显而易见的好处，比方说，你不需要精心打扮，也不会听见有人当场对你喝倒彩。

有时，我会坐在父亲书房的地板上写诗，他则坐在书桌前写书。每隔两三年，父亲便会出一本书。书在我们家备受尊重，而伟大作家得到的推崇胜过任何人。特别的书永远摆在明显的位置，例如茶几上、收音机上、马桶水箱上。我从小便会阅读书皮上的名家推荐语以及报纸上对父亲作品的评价。这一切促使我开始期盼长大后成为作家——成为具有创造力的自由灵魂，以及难得能一手掌控自己人生的劳动者。

然而，我仍会为家里总是入不敷出担心。我也怕父亲会跟他的某些作家朋友一样，变成游手好闲的人。我记得十岁时，有本杂志登载了父亲的一篇文章，当中提到他在旧金山以北的斯廷森海滩的小屋前廊，某天午后跟一群作家痛饮红酒、抽大麻。在那个年代，除了爵士乐手还会嗑海洛因外，没有人会抽大麻。坐船出海游玩或打网球才是正派中产阶级白人的娱乐，而身为其中一员的父亲理应如此。我朋友的父亲都是老师、医生、消防队员或律师，没人会抽大麻，他们甚至滴酒不沾，邀来家里吃晚餐的同事当然也不会一头醉倒在鲔鱼砂锅里。我读着父亲的文章，只觉得世界正在我面前崩溃，说不定下次我闯进他的书房要他看我的成绩单时，会撞见他躲在书桌下，一只手臂上绑着我妈妈的尼龙丝袜，像头受困的狼般抬头看着我。我认为这是大祸临头，我们家一定会被全社区的人排挤。

我唯一想要的是归属感，一个我自己的归属之处。

到了七八年级，十二岁的我依然骨瘦如柴，也依然常常因为长相而备受嘲笑。生在保罗·科拉斯纳所说的“广告共和国”，若你看上去与众不同，例如太瘦、太高、太黑、长得太怪、太矮、头发太卷、相貌太平凡、太穷或近视度数太深，就会活得很痛苦。我便是如此。

但我很风趣，因此那些出风头的孩子愿意让我和他们混在一起，参加他们的派对，眼巴巴地看着他们勾肩搭背、其乐融融。正如你想象的那样，这对我的自尊心并没有太大帮助，我觉得自己是个彻头彻尾的失败者。但有一天，我带着笔记本和一支笔跟父亲（据我所知，当时他还没有开始注射毒品）去博利纳斯海滩，我用纸和笔，有如画家运用画笔和画布般，描绘我看到的景象：“我在潮水与沙滩的交界漫步，让带着泡沫袭来的浪头吻上我的脚趾。一只沙蟹在我脚边几英寸[1]处挖了个洞，随即消失在潮湿的沙内。”我写得蛮长的，所以就不提后面的内容了，省得你感到厌烦。父亲说服我将之拿给一位老师看，结果这篇文章被收入教科书内。这件事令我的老师、父母和好几位同学印象深刻，甚至连那些出尽风头

1　1英寸约2.54厘米。——编者注

的孩子也大感惊奇，邀请我参加派对的次数随之增加，我于是更经常地眼巴巴地看着他们其乐融融。

有一天，一个爱出风头的女孩放学后跟我一起回家，打算在我家过夜，正好碰上我父母庆祝父亲最新小说的首印本问世。我们都非常兴奋而骄傲，而那个女孩似乎觉得我拥有世上最酷的老爸，一个作家。她的父亲是汽车销售员。我们一块儿上馆子吃晚餐，互相举杯庆祝。全家最快乐的时刻莫过于此，况且还有一位朋友在场见证。

当晚睡觉前，我拿起那本新小说，从第一页开始念给我朋友听。我们并肩躺在房间地板的睡袋里，结果第一页写的竟是一个男人和一个女人躺在床上做爱。我开始咯咯笑，而且越来越无法克制。噢，这下好了，我心想，一边在朋友面前不断搞笑。我用一只手捂住嘴巴，就像电影中卓别林做错事时那样，作势要把那本愚蠢的书往背后扔。我笑得前仰后合，心里却在想：好极了，我爸是写色情小说的。

在黑暗中，我羞惭得像只发亮的灯泡，一眼就看得出来。但我从未跟父亲谈起那本书，尽管在之后的两三年，我都会在深夜偷看那本书，搜寻更多的性爱描述，也找到了不少。我无法理解父亲为何会写这类小说，这令我又害怕又难过。

后来发生了一件怪事。父亲为某本杂志写了一篇文章，标题为《一个不适合养小孩的烂地方》，讲的是马林郡，特别是我们的社区。那是你所能想象到的风景最优美的地方，但我们这个半岛的居民酗酒率仅次于奥克兰的美国原住民贫民窟，而且根据父亲的文章所述，这里青少年滥用毒品的状况令人胆寒，离婚、精神崩溃和滥交也非常普遍。父亲语带轻蔑地写到社区里的男人，谈及他们的价值观和对物质的疯狂追求，还有他们的妻子，“这些值得尊敬的女士，这些医生、建筑师和律师的太太，身穿网球服和棉质裙装，有着晒成橄榄色的肌肤和保养良好的外表，在社区超市的货架之间闲逛，双眼闪烁着疯狂的光芒”。我们小镇上没有一个人是看起来正常的。“这是加州沉重的悲哀，”他在文章的最后一段如此写道，“以休憩为导向的生活方式，到最后竟是导向死亡——一种最长久的休憩。”

只是有一个问题：我很爱打网球，而那些“身穿网球服”的女士是我的球友。我每天下午都跟她们在同一家网球俱乐部练球，我每个周末都跟她们坐在一起，等男士们打完（他们有优先权），才能使用场地。而我的父亲把她们写成了行尸走肉。

我想我们完蛋了，但我哥哥约翰那个星期从学校带回了一份父亲文章的复印件，是教他社会研究和英文的老师印给全班看的，哥哥成了班上的风云人物。那篇文章在社区激起极大的回响：接下来的几个月，我被网球俱乐部的不少男女球友冷落，但当我和父亲一起上街时，人们却常常拦住他，双手紧握他的手，仿佛他曾帮了他们什么大忙。直到那年夏天，我终于明白了他们的感受。那时我第一次读了《麦田里的守望者》，才知道有人替我发声的感觉，我满足又宽慰地合上书本，一个孤独的社交动物终于取得了与外界的联系。

我辍学，做枯燥乏味的工作，几乎放弃人生，
但我不放弃写作

我在高中时期开始大量写作，包括写日记、激昂的反战文章，以及模仿我喜爱作家的创作。我也注意到了一件重要的事：其他孩子总希望我叙述事件发生的经过，即使他们自己也在场（甚至尤其是当他们自己也在场时）。从我们抽身离开的派对、课堂、校园里爆发的冲突，到我们目睹父母争吵的经过，我都能活灵活现地描述。我能让事情的经过变得生动有趣，甚至稍微添油加醋，使它几乎像杜撰的故事，牵涉其中的人也显得更有魅力，传递出一种意义非凡的色彩。

我相信父亲当年在学校时就是一个备受信赖的人，朋友都会找他倾诉。我肯定他在后来养儿育女的小镇上也同样如此。他能从日常生活中挑选出重大事件或小插曲，对事情加以渲染或淡化，捕捉它们的形态、本质，呈现这个他和朋友们在其中生活、工作、养儿育女的社会的样貌。人们期待他将周遭发生的一切诉诸文字。

我猜想他童年时就跟同学们想法不同，也许会跟大人谈论严肃的话题，而且和我一样，从小便不太在意孤单。我想这类人长大后通常不是成为作家，就是变成职业罪犯。在整个童年时期，我一直认为自己与其他小孩的想法不一样，虽然不见得比较深刻，但我会努力尝试用某种独创的、形而上的，或具有美感的方式来看世界，并在脑中对想法加以整理、组织。我看的书比其他小孩多。我沉浸书中，书便是我的避难所。我常坐在角落，小指勾着下唇，看得入神，沉迷在书籍引领我进入的地点和时代之中。到了高二，我有段时间开始认为自己能写出像其他作家那样出色的作品，我相信自己有办法靠一支笔创造奇迹。

接下来我写出了好几个糟糕透顶的故事。

进入大学后，我发现整个世界在我面前敞开，老师在英文课和哲学课上教的书和诗，让我第一次感到生命存在着希望，我也许真能在一个群体中找到属于自己的位置。我可以在我怪异的新朋友和一些特定的新书中感觉到，我正逐渐变得完整。有些人想成名或变富有，但我和朋友们想要的却是真实存在的感觉，我们希望变得有深度。我猜，我们也想做爱。我对书的依赖就像有人每天非吃维生素不可，担心若不这样，自己就会永远是个原地踏步的自恋狂，根本不可能变得有思想、被看重。我成了一个社会主义者，但只持续了五周，因为坐公交车去参加社会主义者的集会实在太累人了。之后我又被怪人、少数民族、剧场人士、诗人、激进分子、同性恋者所吸引，而他们多少都帮助我得到了自己一直迫切渴望拥有的东西，即政治上的主见以及文艺气息。

我的朋友们带领我进入克尔凯郭尔、贝克特、多丽丝·莱辛的世界，它们的富饶与刺激令我心醉神迷。我还记得当年第一次读 C.S. 刘易斯的自传《惊喜之旅：我的早年生活》时，他提及审视自己的内心，发现了“一座欲望的动物园、野心的疯人院、恐惧的温床、盲目仇恨的深闺”。我当下感到满足和宽慰，因为我总以为那些备受尊崇的人，那些世上最和善、最聪明的人，他们的内心跟我，或者说，跟图卢兹－罗特列克[1]截然不同。

我开始为《大学学生报》撰写有关大二学生的文章，幸运的是，我正好上大二。我对大学所有的科目都不在行，除了一门——我在英文课上是最高分。我的论文写得最好，但我的野心不仅于此，我想得到更多人的肯定。为了成为一位众所周知的名作家，我十九岁便辍学了。

我搬回旧金山，不但没有成为名作家，反而成了一个临时雇员，我能力差又爱哭是众所周知的，我哭是因为工作乏味

1 图卢兹－罗特列克：法国后印象派画家，身材矮小，童年时摔断双腿，成为畸形。

又不相信自己竟会落到如此下场。后来，我在城里一家大型工程建筑公司的质量保证部门找到一份文书整理工作，整天被海啸般的大批三联单和备忘录淹没。处理这些文件是烦人又枯燥的苦工，让我总觉得两眼挂着如熊猫般的黑眼圈。最后我发现这类文书整理工作大都可以扔到一边，不会真有什么了不得的后果，于是便放心着手撰写短篇小说。

“每天腾出一段时间写作，”父亲一直这样告诉我，“就像练钢琴一样，事先排出时间，把它当成一种道义上必须偿还的债，要求自己一定要写完。”

因此，除了在办公室偷偷摸摸地写，我每天晚上会带着记事本和一支笔在咖啡馆待上大约一个小时，同时也灌了不少葡萄酒，因为作家都是这样，父亲和他所有的朋友也是如此，而且他们都觉得蛮有效果，但这也发展出令人困扰的新趋势——他们开始试图自杀。这当然令我父亲非常痛苦，但我们俩依然坚持写作。

我最后搬到了博利纳斯，父亲早在离婚前一年便跟我弟弟搬到了那里。我开始靠教网球和帮人打扫住宅过活。连续两三年，我每天都会写一点东西，但主要都在写我的呕心沥血之作，一部叫《阿诺》的短篇小说。写的是一位秃头、留大胡子的心理医生阿诺，有一天他跟一位患有轻微抑郁症的年轻女作家以及她患有轻微抑郁症的弟弟待在一起，阿诺给了他们各式各样心理方面的有用建议，到最后他放弃了，决定放下身段，学起鸭子走路并呱呱叫，逗他们笑。这是我向来偏爱的主题：两三个完全没救的人恰巧遇到某个人，例如一个小丑或外国人，给了他们一丝短暂的鼓舞，并向他们坦承："我也迷路了！可是你们看——我知道怎么抓到兔子！"

这是个糟糕的故事。

我也写了不少其他东西。我记录周遭的人、我居住的城镇、我的回忆，也记录自己的心态、得意的时刻、自卑的心境，以及偷听到的趣事。我试着像船舱里的老鼠，抖动着薄得可以看见血管的耳朵，专心聆听周遭动静，并快速记下我听到的一切。

但大多数时候，我都在写我的短篇小说《阿诺》。每隔几个月，我便会将它寄给父亲在纽约的经纪人，伊丽莎白·麦基。

"嗯，"她的回信总会这么写，"现在它真的有点样子了。"

辛辣的书评、酗酒、焦躁……

出书没有你想象中那么好，但写作有！

这部小说我持续写了好几年。我极度渴望出书。不久前，我曾听一位牧师说"希望是一种义无反顾的耐心"，我不妨补充一句，当作家也是如此：希望产生在黑暗之中，只要你站出来，坚定不移地努力将事情做好，黎明便会降临。你等待、守望、努力工作着，你不放弃。

我没有放弃，大部分是基于父亲对我的信心。还有，很不幸的，我在二十三岁时突然有了一个想要讲出来的故事：医生诊断父亲得了脑癌。他和我们三兄妹都很难过，但我们还是挺住了，虽然只是硬撑着，不至于被悲伤淹没而已。父亲要我留意并记录一切："你写下你所知道的部分，我也会写下我所知的部分。"

我开始动笔写下父亲将要面对的状况，然后将这些文字整理、修改成几篇互相关联的短篇小说。我把发现父亲患癌前一年内所写的所有小片段集合起来，改成了五个连贯的篇章。病弱得无法动笔写下他"所知部分"的父亲，看后相当赞赏，要我将之寄给我们的经纪人伊丽莎白。寄出后，我等了又等，那一个月我都快等得人老珠黄了。不过我猜她收到后一定欣喜若狂，因为她看到的终于不再是《阿诺》了。她并不是个有虔诚信仰的人，但我总想象她会将那份稿子紧抱在胸前，闭着双眼，身子微微摇晃，喃喃自语着："上帝，感谢你。"

她将稿子寄给了纽约的好几家出版社，后来被维京出版公司采用，出书过程就此展开。这本书在我二十六岁、父亲过世一年后出版。老天！我出了一本书！这正是我朝思暮想的一切。我终于梦想成真了，对吧？

在我获得第一本书的出版合约之前，我相信出书会令人立刻感到心满意足、别无所求，同时这也是一种真切又带有浪漫传奇色彩的体验，犹如在贺曼文具广告中，某个人以慢动作又跑又跳地穿过开满野花的草原，投入欢呼喝彩及自我肯定的怀抱。

但这些并没有发生在我身上。

对大多数作家而言，新书上市前的几个月，是一生中最难熬的时期，就像电影《现代启示录》的开头二十分钟，马丁·辛在西贡的小旅社房间里完全失控的状况。等待和幻想、快乐和阴郁交替，令你筋疲力尽，此外还有新书上市两个月前预览版书评对你造成的影响。我这本叙述至亲死亡的个人经历、充满情感的书，得到的头两篇短评是：我过世的父亲会说我写这本书简直是浪费时间。这是一盘乏味、洒狗血、自我耽溺的大杂烩。

这并非原文照录。

接下来的六个星期，正如你想象，我有点焦躁不安。我每天晚上喝酒喝得很凶，并在酒吧里告诉一大群陌生人，我父亲过世了，我写了一本书描述这件事，以及预览版书评如何批评了我的书，接着我开始大哭，再点几杯酒，然后告诉他们，我家里养过一条很棒的狗，名叫露琳，我十二岁时不得不将它安乐死，至今依然一想起来就难过。我还会告诉我的听众，我唯一办得到的事，就是别跑去洗手间把脑袋一枪轰掉。

接下来，那本书问世了。我得到了一些主流报刊的好评，也有少数“很糟糕”的评价。我出席了几场新书签售会，接受了一些采访，还有不少重要人士宣称很喜欢这本书。大体上我并不打算就此封笔。我私下里相信，胜利的号角终将响起，重量级的书评家将会宣告，我的书是《白鲸记》以来第一本精确描写了生命之复杂难解的英语小说。我在出版第二本书时仍这么想，然后第三本、第四本、第五本时依然如是。每一次我都错了。

但我依旧鼓励任何有心写作的人放手去写。我只会试着提醒那些渴望出书的人，这件事并没有一般人想象的那么好，但写作有。当你写作时，你有那么多东西可以贡献出来，有那么多事物可以传达给他人，还能得到许多惊喜。你必须迫使自己去做的那件事，即实际动笔写作，反倒会成为整个过程中最美妙的部分。就像你原本是因为需要咖啡因才去泡茶，到最后却发现自己真正需要的是完整体验茶道，写作本身就是一种奖赏。

成年后的我几乎每天都能完成一定的写作量，即使并没有因此赚大钱。我会毫不犹豫地一次又一次投入写作，虽然每次总免不了犯错，或经历低潮、崩溃等过程。有时，我无法确切告诉你我为何要这么做，尤其当我感到茫然又可悲时，就像一个有财务问题的西西弗斯。不过在其他时候，写作对我来说宛如一个人——一个经过这么多年、依然对我具有特殊意义的人。这令我想起温德尔·拜瑞写给他妻子的一首诗，《野玫瑰》：

有时信赖和习以为常
令我视而不见，
于是我虽在你身边，
对你却像对自己的心跳般，
一无所觉。

突然间你在我眼前一亮，
如茂草边一朵盛开的野玫瑰，优雅明艳，
就在昨日仍仅有阴影之处。
我再次感谢上苍赐予的好运，
再次选择我过去所选。

我从小便认为写作，以及那些擅长写作、能像魔法师或天神般创造出一个世界的人，带有奥妙崇高的色彩。我过去一直觉得，有人竟能深入其他人的内心，让我这样的人抽离自身，再引领我们回归自我，实在很奇妙。你知道吗？至今我依然这么想。

我将娓娓道来，我在写作生涯中学到的大小事

如今，我教别人写作。这个工作机会是自然而然地出现的。十年前，有人给我提供了一份在写作研习坊任教的工作，我便一直教授写作。“可是写作这件事是教不会的。”有人这么对我说。而我会回答：“你又是哪号人，上帝指派的教务主任？”

若有人来我的课堂，想学习写作或想写得更好，我可以告诉他们对我向来很有帮助的一切，以及我个人每天经历的写作过程。我能教他们一些小事，或许刚好是所有出色的写作指南中都没提到的。例如，我不确定是否有人说过，十二月历来是不宜写作的月份。十二月的每一天都是“忧郁星期一”，而星期一也不是写作的好日子。经过整个周末的无拘无束、实际体验和纵情想象后，接着到来的星期一就像你暴躁又缄默的斯拉夫叔叔般，你又得在书桌前坐下来工作。所以我只会建议写作研习坊的学生们，绝不要在十二月的星期一开启重要的写作项目。毕竟，何必让自己一开始便遭受挫败？

人们总会采访名作家为何写作，诗人约翰·阿什贝利回答（假如我没记错的话）：“因为我想写。”弗兰纳里·奥康纳则回答：“因为我擅长。”若有人问我一样的问题，我会引用这

两句话，并补充：除了写作，我没有其他赖以为生的职业。不过私下说句老实话，我的确想写，也擅长写作。这并非自以为是。我常提到电影《烈火战车》中的一幕，男主角埃里克·里德尔，那位苏格兰短跑选手，跟他担任教堂神职人员的妹妹在苏格兰一处风景优美、遍地石南的山坡上漫步。她不断叨念着，要他退出奥运赛前训练，回来投入他们教会在中国的传教工作。他回答，他很想去中国，因为那是上帝对他的安排，但首先他要将全部心力放在训练上，因为上帝也赐予了他敏捷的步伐。

上帝赐给我们当中一些人运用文字的敏捷天赋，也赐予我们像热爱大自然般热爱阅读的天性。我在写作研习坊的学生都拥有这种热爱阅读的天赋，而当中有些人对文字的感受力的确很敏锐，文笔也很好，有些人则不那么敏锐，写得也不太好，但他们依然喜欢读杰出的作品，也有心写作。我会对他们说："嘿！ 我觉得这就足够了。不妨去写吧。"

我告诉学生，每当我早上坐在书桌前准备动笔，面对一大叠白纸，脑中没有多少点子，惊人的狂妄和自卑同时存在着，手指摆在键盘上却不知要写什么时，那是一种什么感觉。我告诉学生，他们会希望自己马上就能写出杰作，虽然这不太可能实现，但若一直保持信心并持续练习，有一天可能会写出好作品。他们甚至会从"希望写出杰作"，进展到"只想一直写，只想持续做”，就像沉迷于弹钢琴或打网球，因为写作本身会带来许多乐趣和挑战，它结合了工作和玩乐。当他们构思和撰写自己的书或短篇小说时，脑中会盘旋着各种想法和创意。他们将会透过全新的观点看世界。他们看到、听见和学到的一切，将会成为送进磨坊里的谷子。在鸡尾酒会上或在邮局门口等待的队伍中，他们会搜集各种意象和碰巧听到的对话，然后溜到一旁，把这些材料快速记下来。他们会碰上充满令人抓狂的乏味、不甘心的绝望，只想就此永远封笔的日子，也会遇到情绪高昂、感觉有如乘风破浪的日子。

接着我告诉学生，作品被报刊或出版社采用的可能性，还有因出书得到大笔钱财、获得心灵平静甚至喜悦的可能性不太大。情绪低落、歇斯底里、皮肤病、肌肉抽搐、棘手的财务问题也许会出现，但因为出书而得到心灵上的平静则几乎不可能。然而，我认为他们还是应该写下去。我试着让他们真正明了，写作，甚至越写越好，最终出书或有短篇小说和文章被采用，并不会为他们打通一条终南捷径。他们不会就此一帆风顺，也不会感觉到世界为自己敞开了大门，并真的达成最后目标。我的众多作家朋友脸上并没有散发出心满意足、怡然自得的光芒，他们大都带着忧烦、饱受折磨和惊奇的神情，有如接受动物实验的狗被喷上了针对私密部位的体香剂。

但我的学生听不进去。他们不想知道我出了第四本书后经济状况才有所改善的事实，也不想被告知他们中的大多数人不太可能出书，甚至只有极少数人才有办法以写作为生。他们对出书的幻想与现实状况差距很大。因此，我会跟他们提起我四岁大的儿子山姆的故事。他上的是一所基督教会附设的小型幼儿园，前阵子老师给他们讲了感恩节的由来。他有个朋友也叫山姆，已经十二岁了，很关心政治。他要我儿子把自己所知道的关于感恩节的一切全都告诉他，于是我儿子把在幼儿园学到的讲了出来。那是个动人的小故事，讲述当年清教徒远渡重洋来到美国，受到印第安人的帮助，因此邀请印第安人参加丰收庆典，共享欢乐和美味的食物。讲到这里，大山姆转身，语带苦涩地对我说："我猜他还没听过清教徒把沾染天花病毒的毛毯送给印第安人的那部分情节。"

也许我们还没送出那些毯子，也许我们依然恪守良好的行为准则，但重点是，我那些渴望出书的学生还不知道，这件事会带来一条怎样的"病毒毛毯"。因此，这是我要告知他们的事情之一。

但我也告诉他们，有时，我的作家朋友会觉得写作的时候要比其他任何时刻更自在、更有活力。有时他们写得很顺，便会感到自己有所成就，仿佛那些确切、真诚的文字早已存于脑中，只需要把它们写出来。在这种情况下，写作便有点类似帮母牛挤奶：奶水是如此充沛香浓，而母牛也乐意让你挤奶。我希望来上课的人也能有这种感觉。

所以，我会告诉他们我近期一直在思考或谈论的、那些帮助我完成作品的大小事。有些作家的事例或他们说过的话曾启发过我，我也会在每期课程中将之传达给学生们。还有一些是我沮丧、烦闷、忧心，甚至想到金门大桥上自杀时，朋友们提醒我的事。本书接下来的内容，都是我在写作生涯中学到，并在每一堂课上传授给学生的东西。本书跟其他写作指南不同，那些指南中不乏佳作，但本书比较个人，比较像我在课堂上的讲义。以下的章节便是我至今所知关于写作的一切。

PART 1

Writing

第一部分

写作

01.

开始动笔就对了

我总会在写作研习坊开课的第一天告诉新生，写出好作品的要点就是照实描述。我们是一种需要，也想要了解自己是谁的生物。羊虱不像我们一样拥有如此渴望，所以它们不写作。每年我的学生都有一箩筐故事想讲出来，于是便兴致勃勃、满心欢喜地动笔，打算全心投入这项从小就由衷渴望从事的工作，相信人们将会听到他们的声音。但在书桌前坐了几天后，他们却发现要用生动有趣的文字描述事实，竟有如帮猫洗澡般困难又磨人。有些人丧气了，自信心和对故事的感觉也随之崩盘，过程大致如下：他们第一天来研习坊上课时，看起来就像满怀期盼的天真小鸭，打算随我到天涯海角，但到了第二堂课，他们只是木然地看着我，仿佛写作热情完全消逝。

“我甚至连从哪里着手都不知道。”有人这样哀声抱怨。

任何有本事撑过童年的人，一辈子都不缺题材可写

我告诉他们，从自己的童年往事入手。一头跳进你的回忆，沉浸其中，并将所有记得的事尽可能照实写下。弗兰纳里·奥康纳曾说，任何有本事撑过童年的人，一辈子都不缺题材可写。或许你的童年过得凄惨悲苦，但若能照实写出来，凄惨悲苦也不算太糟糕。总之，先别担心写得不好，开始动笔就对了。

现在，你的写作素材可能已多到让脑子当机，我也是，我撰写多年的美食评论后，脑中充塞了太多关于餐厅和各色菜肴的记忆，以至于有人要我推荐时，我反而连一家亲自去过的餐厅都想不起来。但若对方能将范围缩小，比方说只涉及印度菜，我可能会想起某次在一家富丽堂皇的印度餐馆，我的约会对象向侍者索取“吉卜林拼盘”，接着还点了“老天”鞑靼牛肉[1]。我脑中会随之涌现出更多与其他约会对象和印度餐厅有关的记忆。

---

1 吉卜林为英国著名作家，出生在印度孟买，作品主题也多与印度相关。“老天”鞑靼牛肉的名字为“holy cow”，直译“神圣的牛”，而印度人将牛视为神圣无比的动物。两道菜的名字似乎都是在拿印度文化开玩笑。——编者注

所以，当你不知道该从哪里着手时，不妨就从回想并写下你上学最初几年遇到的每一件事情开始。先从幼儿园开始，试着把你想到的那些事组织成语言并写下来。别担心写得不好，因为没人会读到。然后回想一年级时，接着再到二年级、三年级。你的老师和同学是谁？你穿什么样的衣服去上学？你嫉妒过谁？珍藏过什么？然后再将范围扩大些。那几年间，你曾和家人一起度假吗？写下来。是否还记得，你总觉得别家人看起来就是比自家人体面得多？是否还记得，你拿着汽车内胎当游泳圈到河里玩水，钻进钻出时，大腿上总会留下一道道刮痕，只因为家人老是搞丢应该旋紧在内胎充气孔上的小防护盖，而别家人却从来不会把盖子搞丢？

如果这个方向没有用，或者虽有成效但也挖掘得差不多了，不妨将重点转向节日和重要聚会，看看它们能否帮你回想起过往生活的点滴。你可以写下记忆中每年过生日、圣诞节、复活节，或任何节日时曾发生的一切，包括在场的所有亲戚。写下你曾发誓绝不告诉任何人的秘密。你能否想起有关自己生日聚会的事情？比如灾难性的插曲、生日到来的前几天，还有亲戚们被蛋糕烛光照亮的脸？仔细回想所有细节：人们吃的食物，放的音乐，彼此的对话，身上的服装——那些印着花瓣装饰的难看泳帽、男士们丑陋的游泳裤，以及你那位胖姨妈身上紧到恐怕得动用救生钳才脱得下来的小洋装。描述女士们头上塞了猪鬃毛梳成的蓬松卷发、你父亲和叔伯们的吊袜带、祖父的帽子样式，还有表兄弟身上的童军制服是如何笔挺整洁，而你自己身上的那套却活像是刚从地下挖出来的。描述风衣、披肩和短外套的样式，人们穿上和脱下它们后的模样。试试看能否想起十岁那年圣诞节时收到的礼物，还有它们带给你的感受。记下那些成年人多喝了几杯后的言谈举止，尤其是你父亲在某年国庆节调了鱼屋宾治酒，所有喝了它的大人在屋子里摇摇晃晃走来走去的景象。

记住，你的经历是属于你自己的。如果你的童年称不上幸福，你很可能从小到大都这么认为——若把家中发生过的一切照实写出来，就会有一根瘦长的白色手指从云端伸出来指着你，以如雷般令人不寒而栗的声音说道："我们警告过你不可以说。"但毕竟都是陈年旧事了，所以不妨写下你对父母、兄弟姐妹、亲戚和邻居的所有记忆，我们稍后再来讨论诽谤中伤的问题。

"可是，该怎么写？"我的学生问道，"你究竟是怎么写的？"

若你在书桌前坐得够久，就会有收获

我告诉他们，坐下来，试着每天在差不多固定的时间坐在书桌前。这是训练自己的潜意识追寻创造力的方法。比方说，你每天早上九点或晚上十点坐下来，将纸放进打字机，或者启动计算机、打开文档，呆呆看它一小时左右。然后你会开始前后摇晃身子，起初只是小幅度的，到后来简直像个患有自闭症的大孩子。你盯着天花板，再望向时钟，打哈欠，然后又回到纸上。接着，你将手指放在键盘上，一个影像开始在脑中成形——某个景象、地点、人物，任何东西，然后你试着静下心，好让自己清空脑子里的其他声音，听见那片风景或人物要说什么。其他声音是妖精和捣蛋鬼。它们是焦虑、批评、悲观、罪恶感，还有重度抑郁症。此外，可能还会有一个蛮横的声音对你下命令，告诉你还有一堆琐事需要立刻处理，比如必须把食物从冷冻库拿出来，有约会得取消或改期，抑或眉毛该拔了。但你仿佛正拿一把枪指着头，强迫自己待在书桌前。你可能感到颈根疼痛无比，怀疑自己得了脑膜炎。接着电话响起，你不快地翻了翻白眼，出于高尚的责任感接了电话，语气礼貌但可能带着几乎听不出来的不耐烦。对方问你是否在忙，你回答没错，因为你的确在忙。

在这一切表象下，你要清理出一个角落留给写作的欲望，用大刀砍掉其他声音，开始组织句子。你开始如串珠子般将一个个词连成一段故事。你极度渴望表达、启发或娱乐他人，渴望保存美善、欢乐或超凡的时刻，渴望重现真实或想象中的事件。但你不能期待这一切一蹴而就，因为这是一项关乎坚持、信念和辛勤耕耘的工作。所以不妨直接动笔。

我希望自己拥有速成的写作秘诀，某种父亲临终前以微弱的声音传授给我的秘方，某种能让我坐在桌前、像导航员一样指挥灵感降落的口诀。但我没有。据我所知，我认识的每个人几乎都有着非常类似的写作过程。好消息是，有天你会发现，你其实只需要不断跳脱自我设限的框架，好让任何想要被写下来的东西透过你诉诸文字。这有点像你要跟某人讨论一件难以措辞的事，内心不禁祈祷，希望自己只要站在对方面前、试着开口，就能说出适当的话。通常你的确会找到适当的用词，会写上好一阵子，将许多想法诉诸文字。但坏消息是，若你跟我类似，就会把自己所写的东西从头到尾读完，整天满脑子只琢磨着它，同时祈祷你不会在将它全部重写或删除前死掉，以免引颈期盼的读者发现你的初稿有多烂。

满脑子想着这些事会害你失眠，自我厌恶的感觉也可能会让你在晚餐前嗑药嗜睡。就算你能在正常时间入睡，你十有八九还是会因为梦见自己死了，而在凌晨四点惊醒。死这件事远比你过去想象的可怕。通常你会借由回想前一天写下的东西（那篇又臭又长的文章）来安抚自己。你或许会因为文章写得实在太烂而辗转反侧，觉得自己这一生毫无意义，也从来没有人真正爱过你；你可能满脑子都是波涛汹涌的羞愧感，认为自己的作品没救了，并意识到你恐怕得将目前所写的东西全部扔掉，再次梳理回忆并重写。但你没办法这么做，因为你突然发现自己已病入膏肓。

然后奇迹出现了。太阳照旧升起，于是你起床，照惯例一件接一件做事，最后，九点了，你发现自己回到书桌前，茫然盯着你前一天写下的几页文字。第四页是一大段关于各种生活经历的叙述，当中描写的气味、声音、颜色，甚至一段对话，让你不由得非常非常轻柔地对自己说了一声“嗯”。你再次抬头望向窗外，但这回指尖轻敲桌面，不在乎那前三页了。那三页纸将被扔掉，你需要把它们写出来，好引出第四页这一大段其实打从动笔起便已存在于脑中的文字，只是当时你并不知道，也无从得知，直到真正写出来。于是故事开始成形，你也逐渐意识到了自己“不想写什么”，而这会帮助你发现自己究竟想写什么。不妨想象一位优秀的画家尝试捕捉脑海中的某个景象。他会从画布的一角开始，在适当的位置描绘，下笔后却觉得不够好，便用白色颜料盖掉，再试一次。每回他都会发现自己不想画什么，直到最后终于发现他想要画的是什么。

当你真正发现了自己内心景象的一角，便等于起跑了。而这也的确像跑步，我总会想起《兔子，跑吧》一书中的最后几句话：“他落在人行道上的脚步起初还十分沉重，但他毫不费力地从一种奇妙的恐慌中挣脱出来，脚步变得更轻、更快、更小声，他跑了起来。啊！ 跑吧，跑吧。”

我希望自己能更常体验到这种灵光乍现的感觉。我几乎从来没有体验过这种感觉。我唯一知道的是，若在书桌前坐得够久，就会有所收获。

我的学生们盯了我一会儿，问：“我们要如何找经纪人？”

你应该先成为优秀的写作者，而不是问我该如何找出版社和经纪人

我叹了口气。如果你已准备就绪了，市面上其实有一些经纪人名册，你可以从中挑出几个人，写信过去，询问他们是否愿意看看你的作品。他们大都不会答应。但如果你真的写得很好，又很有耐心坚持下去，最后会有人愿意读一读你的作品，并签下你。我几乎可以如此保证。不过此刻，我们应该把注意力集中在写作这件事上，以及如何成为一个更优秀的写作者。因为成为更优秀的写作者，能帮助你成为更优秀的读者，这是一份实实在在的回报。

但我的学生不相信我。他们想拥有经纪人，想出书。他们想退课走人。

他们大都已经写了一段时间，有些人甚至持续了很多年。其中不少人常听别人称赞他们资质不错。他们想知道，为何

自己一坐下来想要动笔就会抓狂，为何想到好点子后，会惊恐地发现自己写出的第一个句子是那么拙劣。接下来，折磨他们的各种精神病症，便如鳟鱼跳出水般一齐发作——妄想、猜疑、过度的自我膨胀、自我厌恶、注意力无法集中，甚至是洗手强迫症、病菌恐惧症，尤其还有偏执。

我告诉他们，你可以对这些感觉弃械投降，任它们摆布，也可以——比方说，把偏执视为一个好题材。你可以把它当成刚从河里淘上来的泥土般随意捏塑，让你笔下的角色理所当然地成为偏执狂。通过赋予他这个特质，你可以利用偏执，塑造出某种真实、可笑或恐怖的形象。我曾在别人寄给我的一首菲利普·罗帕特的诗中见识过这种技巧：

身为你最亲密友人的我们
认为是时候告诉你，
我们既不如你所愿的那么爱你，
也不想放你走。
因此我们每个星期四都聚在一起，想方设法
让你身陷无边无际的
不确定、
挫折、
不满

和折磨。
你的心理分析师还有你的男友、
你的前夫
全都参与其中。
只要你还需要我们，
我们就保证会
让你感到失望。
当告知你
众人联手的那一刻，我们便明了，
这等于将
对抗不确定的解药，
当然还要加上
对抗我们的解药
放入你的手心，
但既然周四之夜
让我们组成了一个目标罕见的集体，
一切都围绕着你，
我们就认为你很有可能会
继续无理地索求关爱，
若不是因为你毁灭性的人格，
便是为了大家的利益。

学生们瞪着我，活像电影《飞越疯人院》里的角色。大约只有三个人觉得这首诗有趣，乃至认为这是一个把自身偏执化为精彩和诚恳文字的好例子。有几个人看上去忧心忡忡，最想出书的那些人则认为我是个极度愤世嫉俗的人。当中有些人似乎很丧气，有些人则以明显的厌恶眼神望着我，仿佛我正赤身裸体地站在荧光灯下。

最后有人举手："我是否可以直接将稿子寄给出版社，还是一定得找经纪人？"

过了一会儿，我回答："你一定要找经纪人。"

你喜爱阅读好作品，也想写出来，
这就是你必须立刻动笔的理由

这个问题之所以被反复提及，是因为这些人太想出书了。他们想写作，但内心真正想要的是出书。我告诉他们，这个目标很难一蹴而就。我们都想进入这道大门，而写作可以帮助你找到并开启它。写作能带给你与生养小孩类似的感受——促使你集中注意力，帮助你变得柔和又清醒；但出书不会，你绝不可能通过出书得到这些。

我儿子山姆有一套配了钥匙的塑料玩具手铐。山姆三岁半时的某天早上，他故意将自己锁在家门外。当时我正坐在沙发上看报，听见他将玩具钥匙插进前门锁孔，试图开门。接着我听见他说："哦，该死。"我的脸立刻像蒙克画作《呐喊》中的那个男人般拉长了。过了一会儿，我起身开门。

"宝贝，"我问，"你刚刚说了什么？"

"我说，'哦，该死'。"他回答。

"可是宝贝，那是脏话。我们都不该说脏话，好吗？"

他抬着头想了想，然后点点头，说："好的，妈妈。"接着他靠过来，像要透露什么机密般对我说："可是我要告诉你我为什么要说'该死'。"我说好。

他说："因为那些该死的钥匙！"

假钥匙并不能帮你打开门。你期待出书能带给你的一切，几乎都是假的，都是幻影——就像印在信用卡上的展翅老鹰并不会真的飞上天，只是看起来好像要振翅高飞而已。真相是若你每天坚持不懈地创作音乐，慢慢试着更加努力地练习，聆听杰出音乐家演奏你喜爱的作品，你也会变得更优秀。有时，你坐在书桌前写作，会感到乏味和提不起劲，或许接下来的一整天都处于这种状态，又或许能够慢慢摆脱；但若以为成功的作家不会有乏味和挫败的时刻，不会有强烈感觉到自己如水黾般渺小而紧张、充满不安全感的时刻，那你就错了。他们的确有，但他们也常在写作时感受到巨大的惊奇，并明了这正是自己此生唯一想从事的工作。所以，如果你内心最大的渴望之一是写作，那么有一些方法能帮助你达成渴望，也有好几个理由可以解释为何动笔去写很重要。

“再说一次，那些理由是什么？”我的学生问道。

因为对我们当中的某些人来说，书籍跟世上的一切事物同等重要。这些小小的、扁平的、坚硬的方形纸制品，竟能在我们眼前展开一个又一个天地，陪伴、抚慰、平静、激励我们的心，实在不可思议。书能帮助我们了解自己是谁、为何如此行事，让我们看到群体和友谊的意义，告诉我们如何生活和死亡。书中充满了我们无法立刻从现实生活中获得的一切，例如美妙、充满情感的语汇。此外，书还赋予了我们长时间的专注力：我们可能会在日常生活中留意到一些令人惊奇的小事物，却很少停下来仔细观察，而某位作者竟能写出使我们专心沉浸其中的迷人作品，这是一种伟大的天赋。我对好书的感激之情是无穷尽的，我对它们怀抱着与大海等量齐观的感激。你不也一样吗？我问道。

大多数人点点头。这正是他们来到这里的原因：他们喜爱阅读，他们喜爱好作品，他们也想写出来。但少数几个学生依然带着绝望和遭受背叛的表情望着我，仿佛他们打算上吊。我轻快地告诉他们，想退钱已经太迟了，但我有更好的东西。接下来是我能告诉你的两条最有用的写作建议。

02. 先写一段一英寸见方的短文

第一条有用的写作建议是撰写短文。通常当你坐下来准备动笔时，想写的可能是一部讲述童年的自传体小说，或一出关于移民经历的戏剧，或者，一段女性的历史。但这就像想要亲自测量冰河：你的双脚很难站稳，每个指尖都冻得发红龟裂，然后各种精神病症会像你行踪最诡秘、最让人难受的亲戚般，来到你书桌前报到。它们拉开椅子，环坐在电脑前，即使尽量不吵不闹，你也知道它们就在背后，呼出带腥味的怪异气息斜睨着你。

面临这样的时刻——我越来越惊慌，听见脑中的丛林战鼓响起，知道自己的灵感之井枯竭了，看不见未来，必须赶快找份正经工作，但我一无所长；面临这样的时刻，我的应对之道是暂停。首先，我会试着深呼吸，因为我已然像只迷你犬一样气喘吁吁，或是像哮喘病患临死前那样，喉头无意识地发出了缓慢的咯咯声。我会坐在原处一分钟，慢慢地、平缓地呼吸，任思绪漫游。过了一会儿，我可能会发现我正在思考自己的年纪是否还适合做牙齿矫正，寻思现在是不是打电话问人的好时机。接着，我又开始考虑学化妆，说不定这样就能找到一个不算太差的男朋友，那么我的生活将会非常美满，我也会永远快乐幸福。然后，我想到了所有我坐下来准备动笔前应该回电的人，我也许也该跟我的经纪人汇报一下，告诉他我刚才想到的好主意，看他是否同意，以及他是否觉得我该去矫正牙齿——或许这正是每次我们一起午餐时他真正在想的事。接着，我想到了某个我非常讨厌的人，或是某个让我抓狂的财务问题，打定主意一定要在今天开始写作之前解决。于是，我仿佛变成了一只拥有磨牙玩具的狗，先惦记它一阵子，再将它甩在地上，跟它角力，又把它往身后扔，追它，舔它，咬它，再一次把它甩到身后。我停下来喘了口气，只差没有真的汪汪叫。但整个过程只用时一到两分钟，所以我还不算浪费了太多时间。不过，这还是让我喘不过气。于是，我再次尝试平缓地深呼吸，最后，我注意到了我放在桌上、用来提醒自己撰写短文的一英寸相框。

为你想要讲述的故事想出一英寸见方的文字描述，

例如一个场景、一段回忆、一段对话……

相框提醒我，我唯一该做的就是写出一英寸见方的短文。目前我只需写出这样的篇幅。举例来说，它可以是这样一小段文字：将故事背景设定在我家乡的小镇，时间是二十世纪五十年代，当时仍有火车停靠。我将用电脑文档，通过文字来描绘故事场景。或者，我可以叙述主角首度出场的模样，即她在故事中第一次走出屋门来到前廊的情景。我甚至不打算描述她发现有只瞎眼的狗坐在她车子方向盘后的表情，因为我只需写下一段能塞满一英寸相框的文字，一小段以我成长的小镇为背景的故事，一段这名女子在故事中首度登场的景象。

E.L. 多克托罗曾说："写小说就像开夜车。你的视线只局限于车头灯照得到的范围，但你还是能开完整段路。你不需要明白自己将前往何处，也不用看见目的地或途经的一切，你只要能看清前方的一两百米即可。"这是目前为止我听过的关于写作或人生最好的建议。

在把世上我最憎恨的人、最严峻的财务问题，以及牙齿矫正计划全想过一遍，因而把自己搞得筋疲力尽后，我记起了那个一英寸相框，并为我想要讲述的故事想出了一英寸见方的文字描述：一个场景、一段回忆、一段对话。我还想起了一个故事，我曾在别的地方讲过它，不过它每一次都能帮助我镇定下来，掌握动笔的窍门。三十年前，我哥哥十岁，第二天需要上交一篇鸟类报告。虽然他之前有三个月的时间写这份作业，却一直没有动笔。当时，我们在博利纳斯的小屋中度假，他坐在餐桌前，周围散置着作业簿、铅笔和一本本没打开的鸟类学书籍。他面对眼前的艰巨任务，不知如何着手，简直快哭出来了。后来，父亲在他身旁坐下，把手放在他肩上说："一只鸟接着一只鸟，伙计，你只需要一只鸟接着一只鸟，按部就班地写。"

我又把这个故事讲了一遍，因为它通常能在我的学生们极度颓丧时发挥点作用。有时，这个故事的确为他们带来了希望，而希望正如切斯特顿所言，是让我们在遭遇理应绝望的状况时，还能保持愉快的力量。写作可能会是一项令人非常丧气的工作，因为它牵涉我们内心最深切的需要：需要被看到、被听到，渴望自己的生命有意义，需要觉醒、成长、获得归属，也难怪我们有时会太把自己当回事。下面是另一个我常讲的故事：

比尔·默瑞在电影《杂牌军东征》中饰演一名刚从军的新兵。其中一幕发生在新兵进入训练营的第一夜，默瑞所属的那个排在军营内集合，以便认识彼此并和领导他们的中士见面。每个人都有几十秒钟的时间告诉大家自己是谁、来自何地。最后轮到了一个极度紧张而愤怒的家伙，弗朗西斯。“我叫弗朗西斯，”他说，“但没人叫我弗朗西斯。如果这里有任何人胆敢叫我弗朗西斯，我会杀死他。还有，我不喜欢别人碰我。如果这里有任何人敢碰我一下，我会杀死他。”此时，中士跳出来说：“嘿，放轻松点，弗朗西斯。”

把这句台词贴在你书房的墙上也不坏。

不妨尽可能和善地告诉自己：嘿，亲爱的，我们此刻所要做的就只是写一段描述河上日出景致、小孩在俱乐部泳池里游泳，或一名男子与他未来伴侣邂逅的文字。我们现在要做的就只是如此。我们只要“一只鸟接着一只鸟”地慢慢来，终究会完成这一篇短文。

03. 所有的杰作都始于拙劣的初稿

我几乎可以断言，比练习写短文更好的一个建议，是知道“初稿通常很烂”。所有优秀的作家都免不了写出很烂的初稿，这也是他们最后能写出尚可的第二稿，以及出色的第三稿的基础。人们常想象那些能出书，甚至可能因此赚大钱的成功作家，每天早上在书桌前坐下时，总会感到自己身价非凡、信心十足，对自身拥有的丰沛才华及脑中的精彩故事都很满意。接着，他们会深吸几口气，卷起袖子，转几圈脖子活动筋骨，然后便投入工作，如法庭书记员般神速地打出一段段流畅完整的故事情节。

但这只是没有经验的人幻想出来的。我认识一些非常杰出的作家，备受喜爱、文笔优美，也因此赚了大把钞票，其中没有一个人在每天固定的时间坐下来写作时，总会是自信满满、冲劲十足。他们所有人的初稿都不怎么优美。好吧，其中有一位例外，但我们都不太喜欢她的作品。我们不认为她的思想有深度，也不认为上帝爱她，甚至能忍受她。

很少有作家真的清楚他们正在写什么，通常直到写完才恍然大悟。他们动笔时也并非神清气爽、兴致勃勃。他们不会在打出几行用来热身的平庸句子后，就文思泉涌，下笔有如爱斯基摩犬在雪地上飞快奔驰。我认识的一位作家告诉我，他每天早上坐下来后，便会好声好气地告诉自己："你不是没有选择，你有的，你可以开始打字，或自杀。"我们常常觉得写作像是在拔牙，即使是那些文字公认最流畅、最浑然天成的作家也这样想。大多数时候，适切的词汇和语句并不会像自动电报机中的纸带般快速跑出来。不过，据说穆丽尔·斯帕克认为，她的写作过程就像是每天早上为上帝的口述做记录——我猜想她大概只需要坐在桌前，接好口述录音机，然后一边哼着歌，一边将口述内容打出来。这种姿态非常挑衅，你可能会希望这类人霉运不断。

对我和我认识的大多数作家而言，写作并非一件令人欣喜若狂的工作。事实上，唯一能让我取得成果的诀窍，是写下真的真的烂到极点的初稿。

尿裤子先生、洒狗血的可笑用词……

别担心，反正初稿不会有人读到

初稿是小孩的游戏之作，你大可畅所欲言、无所顾忌，因为你心知没人会读到，稍后再修改也无妨。你可以任由内心孩子气的那一面，将脑海里的任何声音和景象引导出来，化为文字。如果其中一个角色想说："嗯，那又怎样，尿裤子先生？"你可以任由她说，反正没人会读到。如果你孩子气的一面想沉溺在多愁善感、悲情、洒狗血的天地里，也大可任由它去。你只需要将其全部诉诸文字。因为这六页疯狂的文字当中，说不定会有引人入胜的部分，是你几乎不可能通过比较理性、成人化的方式获得的。也许你恰好会在第六页最后一段的最后一句中发现灵感，它是如此优美或狂放，令你多少领悟到自己打算写什么，或可以朝什么方向写。若没有前面写下的五页半，你不可能获得这个成果。

在《加州》杂志停刊前，我常为他们撰写美食评论。（杂志停刊与我的美食评论无关，即使每篇评论都的确导致了几位用户取消订阅。有些读者对我将一坨蔬菜泥比作某几位前总统大脑的行为相当不满。）撰写每篇评论通常需要两三天。首先，我会拉上几个很有主见、口齿伶俐的朋友陪我一起上餐厅。我会坐在餐桌前，将他们每个人说的趣话妙语记下来。

接下来的星期一，我会带着那些笔记坐在书桌前，尝试写出一篇评论。虽然我已有多年撰写评论的经验，但动笔时仍会感到心慌。我会试写一段开头，结果发现自己竟写出了几行糟糕透顶的句子。我会将之删掉，再写，又全部删掉，接着便感到忧虑和绝望像一件防辐射铅衣般压着我的胸口。我平静地想，完蛋了，这回我再也不会有神奇的文思了。我惨了，我完了，我死定了。或许我可以再回去做文秘，但人家不见得还想用我。我会起身到镜子前端详一会儿牙齿，然后停下来，提醒自己别忘了呼吸。我会打几个电话，进厨房找东西吃，再回到书桌前坐下，花十分钟长吁短叹。最后我会拿起那个一英寸的相框，盯着它，仿佛它会给我回应，而每次我也的确得到了回应：我唯一该做的，就是写一段非常拙劣的初稿，反正没人会读到。

于是我开始动笔，毫无顾忌地写。这几乎只能算是打字，只是让自己的手指动起来。写出来的东西也令人不忍卒读。我会写一段长达一整页的开头，即使一篇评论实际上只需要三页。接着，我开始描写食物，一次一样菜肴，就如同我父亲说过的，“一只鸟接着一只鸟”，按部就班，但想象中的批判者们却像卡通人物般坐在我肩头念叨着。他们会不留情面地对我冗长的描述嗤之以鼻或翻白眼，尽管我付出了许多努力，尝试将之简化，同时也时刻谨记一位朋友在我从事美食评论之初提出的委婉建议。“安，”她说，“这只是一块鸡肉。这只是一块蛋糕。”

但此时我已动笔好一阵子了，所以我终究会放任自己继续这套流程。我会写下比应有篇幅长两倍的初稿，其中包括啰唆无聊的开头、愚蠢可笑的餐点描述，还有许多我那几位颇具黑色幽默感的朋友所说的话——那些话听起来不像出自饕客之口，倒像是曼森家族[1]的女信徒说的，而且没完没了。整篇文字又臭又长，语无伦次到让我在能动笔写第二稿前，整天满脑子只想着万一我出了车祸，初稿不幸被人看到该怎么办。我担心有人读完它后会认为那起车祸其实是一起自杀事件：因为我发现自己文思枯竭、脑子当机，所以慌了手脚。

不过第二天，我会坐下来，拿着一支彩笔，整篇读完，将我认为不必要的部分删除，从第二页当中搜寻适合当新开头的部分，思考在何处结尾比较有力，接着便开始写第二稿。这种方式通常行得通，有时甚至很好玩、古怪，又有效。我会照此方式再审阅一遍，然后把稿子寄出去。

一个月后，当我开始写另一篇评论时，会将整个过程再来一遍，当然也会又一次因为害怕有人在我修改初稿前读到它而掉眼泪。

1　曼森家族：美国连环杀手查尔斯·曼森领导的组织，成员多为女性，类似邪教。——编者注

所有出色的创作都从不忍卒读的第一次尝试开始
——清除脑中的噪声，写下去就对了！

几乎所有出色的创作都从不忍卒读的第一次尝试开始。你必须从某个地方起跑，从将任何想法付诸文字开始。我的一位朋友表示，初稿是“顺流而下”——你只需要写下来；第二稿是“升级”——你修改文字，提升质量；第三稿是“牙医”——你检查每一颗牙齿，搜寻是否有松脱、不齐或蛀坏的，或者若幸蒙天助，你会发现它们健全无瑕。

坐在桌前撰写拙劣的初稿——我从这个流程中学到的另一件事，是如何清除脑中浮现的噪声。首先我会听到尖酸刻薄的“读者女士”一本正经地说：“嗯，这些并不怎么吸引人，是吧？”一个瘦削的德国男人会冷酷无情地详细记下你的思想错误；你的父母也在，他们会为了你的三心二意和不知谨慎而痛心；威廉·巴勒斯[1]会因为发现你的胆量和文思还不如一株盆景而昏昏欲睡或开枪乱射，诸如此类。还有一群狗。可别忘了狗，若你胆敢停笔，它们便会一边咆哮狂吠，一边冲出围栏。对我们当中的某些人来说，“不停地写”是锁住围栏、让那些饿狗无法跑出来的门闩。

1　威廉·巴勒斯：美国“垮掉的一代”的代表人物，曾失手射杀了自己的妻子，私生活放荡，颇富争议。——编者注清除这些噪声至少占据了我每天一半的奋战时间，但也已经比过去好多了——过去它会占据百分之八十七的时间。若不去压制，我的脑子会将大部分时间花在跟那些不在场的批判者对话上面。我会为自己辩护，或跟他们机智地对话，或合理化我的行为，或用八卦诱惑他们，或假装我正在作为嘉宾录制他们主持的脱口秀。我超速，闯红灯，没在停止标志前停车，十亿分之一秒后又对着想象中的警察解释为何要那么做，或坚称我并没有那么做。

我偶然和一名催眠师提起这件事，我在多年前接受过他的治疗。他非常和善地望着我。一开始，我以为他正在摸索地板上的警铃呼叫按钮，好找人把我架出去，但接着他教了我以下的方法，我至今依然在用。

闭上双眼，静下心来一分钟，直到脑中此起彼伏的说话声响起。接着从中分离出一个声音，将说话者想象成老鼠，抓住它的尾巴提起来，将它扔进一个广口玻璃罐。然后再分离出另一个声音，抓住它的尾巴提起来，扔进罐子，依此类推。把所有最贵的监听器扔进去，把推销商、律师、同事、小孩——任何在你脑中发牢骚的人扔进去。然后盖上盖子，看着那些“老鼠”在玻璃罐壁上爬来爬去，叽叽喳喳，企图让你感觉很糟，因为你不遂他们的愿——不给他们更多钱，不会变得更成功，不想更常见到他们。接着想象罐子上有一个控制音量的旋钮，将它转到最大声，持续一分钟，聆听那一连串愤怒的、被你抛弃的、想要让你产生罪恶感的声音。再将音量转到最小，看着那些气疯了的“老鼠”在罐里跳来跳去，企图抓到你。然后放下罐子，回去写拙劣的初稿。

我的一位作家朋友建议我们不妨打开罐子，开枪将所有“老鼠”的脑袋轰掉。不过我认为他有点暴力，我相信你不会落到那样的地步。

04.

完美主义

完美主义是压制者的代言人，是公敌。它会逼疯你、束缚你一辈子，也是你完成拙劣初稿的主要障碍。我认为完美主义存在的基础，就是一味相信只要自己足够小心、足够稳妥地踏在每块垫脚石上，就不会摔死，但实情是你终究难逃一死。很多完全不看路的人甚至都比你走得远太多，也从中获得了许多乐趣。

此外，完美主义会毁了你的写作，阻断文字创造力、趣味，以及生命力。完美主义意味着拼命尝试不要留下那么多需要清理的混乱，但杂乱无章能让我们看到万物是如何过活的。杂乱是奇妙的沃土——你可以从那些土堆中挖出新的宝藏，将它们清理干净、去芜存菁、修改整理、加以掌握。整洁意味着某样物品已经如它所应当的一样好了。整洁让我想屏住呼吸、暂停动作，但写作恰恰需要呼吸和活动。

完美主义会让写作失去生命力，
漫无章法才是创作者真正的朋友

我在二十一岁时开刀切除了扁桃体。我属于那种三天两头得链球菌咽喉炎的人，最后医生判定我应该把扁桃体切除。手术后的整个星期，我只要一吞咽，喉咙便痛得受不了，几乎连张嘴咬住吸管都不行。医生为我开了止痛药，但等药用完了，疼痛还是没有消减。于是我请护士进来，告诉她，她真的得帮我再去开一次止痛药，可能还必须加上几片混合镇静剂，因为我觉得有点烦躁不安。但她不愿意。我说我要跟她的上司谈谈，她告诉我她的上司正在用午餐，而我最该买的是口香糖，要用力嚼——我一听，吓得立刻用手护住喉咙。她解释，当身体有了伤口，周遭的肌肉就会紧缩，以免再有异物侵入感染，若我想让肌肉恢复原本的放松状态，就必须嚼口香糖。最后我的好朋友帕米出去帮我买了一些口香糖，我怀着极大的抗拒和怀疑开始咀嚼。第一下让我痛得好像喉咙内部被撕开了似的，但几分钟后所有疼痛都永久消退了。

我认为这个道理也适用于我们精神上的肌肉。这些肌肉紧缩在伤口周围，包括童年时的创伤、成人后的失望和失落。在这两个时期遭受的屈辱，会令我们为了避免在同一位置再度受伤，而抗拒外来物，所以那些伤口永远没有机会愈合。坚守完美主义正是我们缩紧肌肉的一种方式。在某些状况下，我们对伤口的存在和周遭肌肉的紧缩根本一无所觉，但两者会束缚我们，导致我们在紧绷和忧虑的状态中活动和写作，导致我们与生活保持距离或避之唯恐不及，导致我们不愿以直接而毫无保留的方式体验生活。我们该如何突破完美主义的限制，继续向前？

若你有信仰，这件事会容易得多，但如果没有，也并非不可能做到。若你有信仰，那么你的神或上帝也许有办法稍微减弱你的完美主义倾向。不过，上帝最恼人的特点之一，就是他从不会像《绿野仙踪》里的好女巫格琳达那样，爽快地用魔杖点你一下便实现你的愿望，仿佛这样做他就会少块肉。但他能给予你勇气或精力去写出大量不忍卒读的初稿，帮助你领悟到你可以借此写出优秀的第二稿，并看出不完美的漫无条理和杂乱无章是有其价值的。

然而，你心中的上帝也可能是一个紧张兮兮又十分挑剔的完美主义者，就像鲍勃·多尔[1]或者我。一位牧师朋友曾劝我警惕儿时心目中那种标准的上帝形象：他会爱你、引导你，

1 鲍勃·多尔：美国政治家，前共和党成员。

当你做错事时便惩罚你，如同身穿灰西装的高中校长，从不记得你的名字，却总是一脸不悦地翻阅你的档案。若这正是你心目中的上帝，或许你应该用某个不那么顽固、对你来说比较和悦有趣的人物形象与之稍加中和。摇滚歌手大卫·伯恩不错，喜剧演员格雷西·艾伦也可以，儿童节目主持人罗杰斯先生亦会颇为有效。

若你没有信仰，珍宁·罗丝的一句名言或许会有帮助：学会陪伴自己就是自我觉醒。你不妨试着扮演一位比较体贴的友伴，把自己当成某个你喜爱并愿意鼓励你的人。我想你应该不会在阅读好朋友的头几篇呕心沥血之作时，当着他的面翻白眼或窃笑，抑或做出一副快要吐出来的模样吧。我想你可能会说一些类似“写得不错”的话，例如：“写得真棒。我们可以稍后再想办法解决其中的几个问题，但目前不妨全力前进！”

无论如何，最重要的是若你想写就去写，但如果你不试着克服完美主义倾向，写作便不可能持续太久。当你准备好动笔写一篇故事、尽可能坦诚地叙述时，有股动力召唤你去这么做。这种召唤就像卡通片里一块摆在窗台上的派冒出的热气，化为一只招人前来的手，滑进屋子门缝，钻进老鼠洞，跑进熟睡在安乐椅上的男女的鼻孔里。接着，香喷喷的热气勾了勾手指，老鼠、男人或女人便伸长了鼻子起身跟随。但过了几天，香味变淡了，你就得设法追寻、到处嗅闻。不过，即使在这样的情况下，你可能也会发现锲而不舍的感觉有多棒。第二天，你或许会觉得香味又变浓了，这可能只是因为你正在逐渐养成默默坚持的习惯。这是无价的。反过来说，完美主义只会把你逼疯。

你每天持续努力，或许得到的是一堆漫无章法的文字，但就算如此也无妨。冯内古特曾说：“当我写作时，感觉自己就像个无手无脚的人，嘴里咬着一支蜡笔。”所以不妨放手去写，即使写出来的东西零散杂乱、不乏严重错误，把纸张全都浪费了。完美主义是一种僵化、刻薄的理想主义，而杂乱是创作者真正的朋友。人们多少会遗忘（我相信是无意的）的一条童年经验，就是我们需要靠制造脏乱来发现自己是谁、为何存在——还有，更进一步来说，发现我们该写什么。

05.

学校午餐是灵感枯竭的救星！

我准备倾囊相授关于写作的一切，但我也要告诉你我所知道的跟学校午餐有关的一切，部分原因是两者带给人的动力和焦虑很相似。

我认为借由书写学校午餐，我们也能够从中发现，写短文并完成拙劣的初稿，可以帮助引出大量隐藏脑中的清晰回忆、素材，以及奇特的人物。因此，每当有学生打电话来抱怨，哭诉自己连一个字也写不出来时，我便会要他谈谈学校午餐的详情，无论他比我早二十年还是晚十年就学，上的是南加州的教会学校还是纽约的私立学校。他们描述的午餐情况，总是跟我位于北加州、以中产阶级学生为主的公立学校的午餐情况类似，但也有一些重要的相异之处，而这一点甚至更有意思，因为在探究差别时，我们能看出彼此的相似之处，因而大感宽慰。基于某种奇怪的理由，每次学生们滔滔不绝地对我讲述学校的午餐情景，挂了电话后，他们就会感觉有劲得多，状态也好得多。

糟糕的“学校午餐”初稿，帮助我想出了一个小说角色

某次，我在课堂上要求学生们在半小时内写出一篇描述学校午餐的文章，我也坐下来跟他们一起写：

> 在我看来，公立学校的午餐有一个重要特点：它看似不过是一群小孩在吃饭，但其实相当于在所有人面前揭露隐私，与写作一样。午餐是七、八年级体育课后冲凉的前身，每个人都能在冲凉时看到你拥有或缺少的一切、闻到你的体味。而在整个过程中，你只知道自己将会发现某些事。你的午餐内容透露出你和你的家人过得好不好。有些人袋子里的午餐还不错，有些则不然。它具备一套不成文的规范、一套为人所公认并接受的规则。午餐就是这么简单。

在短短半小时内，我和班上的部分学生就已经想到了太多关于午餐的写作素材，多到我们惊讶得不知该从何着手。于

是我们决定，暂且略过父母留在午餐袋里的便条（那些纸袋常常让人联想到土耳其刺客），以及它透露了哪些跟我们有关的信息。我们略过这些，先从午餐的食物着手，从三明治写起。那正是我们要填满一英寸相框的内容。

> 三明治是午餐的主角，遵循着一套严格的准则。商店贩卖的白面包是唯一“正确”的选择，毋庸置疑，没有例外。若你的母亲专门为三明治烘焙了面包，你只能希望没人会注意到。你当然不会到处吹嘘，更不会把她还做了肉冻的事拿出来讲。父母能够夹进两片面包间的只有区区几种料，波隆那腊肠是符合规范的，萨拉米腊肠也行，若他们清楚果冻和果酱有何差别，还可以夹上花生酱和果冻。
>
> 罐装的葡萄果冻是最棒的，软滑黏稠，甜得抚慰人心。草莓果酱次之。其他的就不一定了，例如覆盆子——

你现在看到了吧？我在课堂上写到一半，偏偏就是想不起来覆盆子果酱究竟怎么了，这令我不知如何是好。于是那天晚上回到家，我打电话给一位朋友，他也是作家，非常成功，而且可能是我所认识的人当中最神经质的。我问他，还记得上学时大家总觉得午餐有葡萄果冻最棒，草莓果酱也可以，而覆盆子果酱则不怎么样吗？可以告诉我你对这些食物的回忆吗？我的朋友以一种懒洋洋、漫不经心的语调随意说道，覆盆子果酱的问题可多了，每一口都有太多料，感觉就像里面有许多小小的豆荚宝宝。这是一种让你觉得自己活像“盗尸者”的果酱。

接着他提起杏子果酱，它甚至比覆盆子果酱还糟糕。我三十年来从没琢磨过这件事，但此时清晰得可怕的记忆全回来了。杏子果酱看起来太像黏胶或胶水。可以确定的是，倘若午餐是父亲帮你准备的，你肯定会吃到杏子果酱。做父亲的都喜欢杏子果酱，我不知道为什么，但我相信安娜·弗洛伊德[1]有兴趣针对这一点做田野调查。

那天晚上，我坐下来继续写道：

> 回头想想，大体上，如果午餐是父亲准备的，下场通常都很惨。当年那些父亲都很健忘，他们做起三明治时，简直不像是在美国出生长大的人。比如说，一份标准的波隆那腊肠三明治是用两片面包夹一或两片波隆那腊肠，涂上芥末酱，再加一片还没完全解冻的卷心莴苣。（天主教徒爱挤很多美乃滋，我们以后也许会习惯这种口味。）父亲总是一开始就用了“不合规定”的面包，还抹上黄油，把三

1 安娜·弗洛伊德：儿童精神分析学家，著名心理学家西格蒙德·弗洛伊德的女儿。——编者注

明治搞得像一盘几乎可以拿出去卖的杂碎羊肚。所有夹馅总是会从他们做的三明治里掉出来，我不确定为什么。三明治只能使用未完全解冻的单片卷心莴苣才“标准”，他们却会用任何边缘有皱褶的绿色生菜代替莴苣。要是你的朋友看到一大片长叶生菜随着一片波隆那腊肠掉出来，你很快便会发现大家已然把你跟那个靠在围栏边的小孩归为同类。

靠在围栏边的总是那个小孩。如果没有人靠在那里，我们其他人怎么能觉得安心呢？如果那是个男孩，他脚边可能放着一个装小号的乐器箱，穿着部位磨损得十分奇怪的鞋子，因为他总是避开熙攘的人行道，选择穿过杂草丛生的空地，引得野狗直对他狂吠。他不会去等校车，只因为他的午餐怪得可怕，却又拿它没办法。

我几乎可以肯定他最后会成为一位作家。

现在，谁知道这里面有没有可用的素材？你无法分辨，直到你把一切写出来，最后可能只会用上其中一段话、一个角色或一个主题，但你全都写下来了。写就够了。

我有次听《写出我心》的作者娜塔莉·戈德堡谈论写作。有人请她针对写作提出她所认为最好的建议。她拿起黄色书写簿，假装手上握着笔，在簿子上快速写着。我觉得这很像一个典故——徒众准备在山上聆听佛陀说法，但佛陀什么话也没说，只是拈起一朵花。至于我，我是一个合格的基督徒，希望能从耶稣讲过的义理中找出有关写作的、具有启发性的有力语句，加以引用，但实际上，当学生请我给出我个人认为最有用的建议时，我也总是拿起一张纸，假装在上面快速写着。学生们常常觉得我这么做既有智慧又颇具禅意，但我总是忘了将功劳归给娜塔莉·戈德堡。

“但要写什么呢？”接下来他们问道。

写胡萝卜棒。我这样告诉他们。

“标准”的胡萝卜棒必须看起来像是机器切的，尺寸整齐划一，没有一根比三明治长。你的父母有时会载你去学校，递给你一包裹着油纸、像给兔子吃的长短不一的胡萝卜棒，它们将得到的糟糕评价，会令你根本不敢冒险去看那个靠着围栏的孩子一眼。这些胡萝卜棒是糟糕透顶的护身符。若你胆敢瞥他一眼，同学心中便会出现一座清清楚楚的默契拱桥，有如彩虹，永远把你们俩连在一起。

接下来是三明治包装的问题：油纸以及后来的保鲜膜。午餐是否“合格”非常重要，当你的内心、家庭生活，以及周遭的一切都充满混乱和痛苦，以至你深切期盼生命中能有件事不出问题，或至少看起来不出问题时，你便会很在意自己的三明治是否看起来像是笨蛋包的。一份“标准”

的午餐透露出你家里有人很在意这件事，即使你心里明知道你爸妈已经把一切都搞砸了。所以午餐有点像铺床，一切都要整整齐齐，三明治就应该包得棱角分明。对吧？

好，结束。现在我拥有了这些素材，可以从中挑选合适的部分，加以运用、塑造、删改、强调，或揉成一团扔掉。这是我个人对于学校午餐的回忆。你的或许不同，我会很有兴趣听听。（可别误会，我并不是建议你将它寄给我，但我敢说它揭露了关于你、你的家庭和你成长时期的某些趣事。）

我在这里引用的是糟糕的初稿，而那个靠着围栏的男孩就像是突然冒出来了似的——我在写的时候也不晓得自己还记得他。对我来说，他是这次练习中最重要的收获。也许明天，当我坐在桌前撰写小说时，他会化身为一个我在乎的人，一个我想与他共事、想了解的人，一个会向我透露重要信息，或唯一能带我到某个地方的人。

06.

拍立得

撰写初稿的过程跟拍立得照片的显像过程很相似。在照片显像完毕前，你不会（事实上，你也无法）知道照片真正的模样。

刚开始，你只是对准吸引你的景物按下快门。比方说，在上一节，吸引我的是袋子里的午餐。但随着照片显像，我发现其中有那个靠着围栏的男孩非常清晰的身影。或者，你的拍立得镜头可能原本要对准那个靠在围栏边的男孩，但直到最后一分钟，你才注意到站在他身后几米远处的一家人。也许那是他的家人，或是他班上一名同学的家人，但至少照片将他们包括进去了。接着，影像从一片暗沉的灰绿中慢慢浮现，变得越来越清晰，最后你看见一对夫妻抱着婴孩，身边站着两个小孩。起初感觉很温馨，但随后角落的阴影开始显现：一群狒狒龇牙咧嘴，正上演着恶斗场面。接着，你看见照片左下角有鲜红色的花丛。你根本不晓得自己把它照进去了，而这些花勾起了一个令你莫名感动的时刻或回忆。最后，随着照片显影完毕，你开始注意到人物周遭的所有背景，并开始明白背景是如何定义、安抚了我们，让我们看清自己重视和需要的是什么，看清我们认为自己是谁。

你无法一开始就清楚地知道这张照片真正的模样，只知道那些人物具有某些强烈吸引你的特点，因此你将注意力放在这上头，直到看出那究竟是什么。

残奥会报道的显像过程

——我从脑袋一片空白，到成功找出报道主题的写作历程

不妨看看下面这张“拍立得照片”的显像过程：

六七年前，有人请我写一篇有关残奥会的文章。我曾观看本地的比赛多年，部分原因是我有几个朋友参赛，况且我也很喜欢观看运动赛事、观察选手，无论是特殊的还是普通的比赛。那次我抱着极大的兴致前往，但对于文章完成后会是什么样貌，一点概念也没有。

残奥会赛事通常进行得极为缓慢，跟报道普里克内斯赛马会差别很大。但它依然有令人紧张兴奋的时刻，于是我整个上午都在加油欢呼、做笔记。午餐前的最后一项田径比赛是二十米赛跑，选手是残障跑者和只能步行的人，其中不少人似乎完全搞不清楚状况。他们挤在一起、摇摇晃晃地前进，其中一名选手如蜗牛般缓慢地朝看台跑去，还有一名选手朝场边的颁奖台跑去，两人随后都被领回跑道。比赛仿佛要持续一辈子，而中午已近，我们都饥肠辘辘。不过，所有人最终都通过了终点线，坐在看台上的我们也全都站起来准备离开——就在那时，我们注意到离起跑线四五米远的跑道上，还有另一位选手。

她是一个年约十六的少女，在残疾的瘦削躯体上，有张跟常人无异的脸庞。她拄着金属拐杖，一小步一小步慢慢地向前进。她先将一根拐杖往前移动两三英寸，再移动一条腿，接着将另一根拐杖向前移动两三英寸，再移动另一条腿。这实在很折磨人，而且我快饿死了。随着她以每次两三英寸的距离持续前进，我不禁一边在内心呼喊“加油，快点，快点”，一边焦急地搓着额头。感觉似乎过了四小时之久，她才通过终点线。看得出来她真的很高兴——以一种羞涩的、小女孩般的方式表现出来。

当我离开露天看台，要去吃午餐时，有个身材高大、缺了门牙的非裔美籍男子跟我一起走下台阶。他拉拉我的运动衫袖子，于是我抬头看他，他递给我一张别人那天为他和他的朋友拍下的拍立得照片。“看看我们。”他说。他说话很慢又口齿不清，有如播放变形的黑胶唱片，很难听得懂。他照片中的那两个朋友是唐氏综合征患者：三个人看起来都十分得意自豪。我称赞了那张照片，并递还给他。他停下来，我也跟着停步。他指着照片中的自己。“他，”他说，“是一个很酷的人。”

一篇文章就从这张照片开始成形，虽然我当时没办法告诉你文章最后究竟会写成什么样子。我只知道有某样东西开始浮现。

午餐后，我信步走到大礼堂，那里正在进行男子篮球赛。那个缺了门牙的非裔美籍男子是比赛中的风云人物，因为即使全场还没人投篮得分，他的队友也几乎总是把球传给他，甚至另一队的人也常把球传给他。

虽然双方都没有得分，但所有人都像做慢动作般满场跑着，以如雷般的声音运球。我从没观看过这么吵的比赛，但一切都奇妙极了。我想象着自己将如何在文章中描述这场比赛，以及之后将如何讲给学生听，包括那如雷的声响和洋溢的欢乐。我脑海中不断重温着那个拄拐杖的女孩在跑道上慢慢前进到终点线的情景——突然间，我的文章开始从一片灰绿暗沉中浮现出来。我可以看出，这篇文章写的是不幸如何在多年后演变成喜悦，以及全力以赴之美。它在我眼中几乎跟那个“很酷”的男子以及他两名朋友的合照一样清晰。

礼堂的看台上坐满了观众。几分钟后，在显示板上分数依然为零的情况下，那个高大的非裔美籍男子从后场慢慢运球到前场，将球抛出，球进了篮筐。观众欢声雷动，两队的选手睁大眼睛望着篮筐，仿佛它刚着火烧了起来似的。

你们会喜欢的，我告诉学生们，你们会感觉自己仿佛可以写上一整天。

07.

角色

让自己喜爱的角色遭逢厄运，否则故事就难以为继

你对你所创造的角色的了解，也会像拍立得照片显影般逐渐清晰：了解他们需要点时间。有次，一位朋友告诉了我一件事，帮助我开始了解我的小说角色。她说，我们每个人一出生，内心就有一块只属于自己的情感领地，你拥有一块，你讨人厌的菲尔叔叔有一块，我有一块，尼克松的女儿特里西亚有一块，每个人都有一块。只要不伤害任何人，你就能随心所欲地使用这块领地。你可以种花、种果树、按照作物名称的英文首字母顺序种植一排排蔬菜，或者什么也不种。就算你想让自己的地看起来像巨大的旧货甩卖市场或废车堆积

场也无妨。你的领地周遭有围栏和大门，若有人不断到此制造混乱，或试图要你去做他们自认为正确的事，你大可叫他们离开。他们必须走，因为那是你的领地。

同样的，你笔下的每一个角色内心也有一块领地，他们各自以不同的方式照料它或放任不管。在开始了解这些角色时，你会想知道每个人的领地是什么模样的。他们种植什么？他们的领地是什么形状的？这些信息未必会从你写的文章段落里自己跳出来，重点是你必须尽可能了解你笔下每个角色的内心世界。

你也会自问：这些角色站立时是什么姿势？他们的口袋和皮包里有什么？他们思考时、感到无聊时、恐惧时有什么表情变化及举止？他们在大选中投票给谁？他们身上有哪些引人注意的地方？如果他们发现自己只有六个月可活，停下手上的一切后会去做的第一件事是什么？他们会不会又开始吸烟？会不会仍然保持着用牙线的习惯？

你会爱上自己笔下的某些角色，因为他们正是你本身或你的某一面。基于同样的原因，你也会讨厌某些角色。但无论理由为何，你都很可能不得不让自己喜爱的某些角色遭逢厄运，否则故事就难以为继。好人会遇到坏事，因为行为会带来后果，而没有人能时时刻刻完美无瑕。一旦你开始过度保护自己创造出来的角色，让他们从不犯错，你的故事就会变得像真实生活般平淡乏味。所以不妨尽可能地去了解你创造的角色，让某个危机发生，然后顺其自然。

酗酒者家庭互助会中的一位朋友曾告诉我一个故事。一个酗酒的男子经常半夜醉倒在他家屋前的草坪上，他心力交瘁的妻子总会设法赶在天亮前把他拖进屋，以免被邻居看到。直到某天，一位来自南方的黑人老太太在互助会结束后走到她面前说："亲爱的，放手吧，就把他留在原地。"而我也正在慢慢地、慢慢地学着在写作时（在日常生活中甚至学得更加缓慢）这么做。

一行精准呈现角色性格的对话，远胜好几页平铺直叙

我认识的一个人有次对我说："证据俱在，而你就是审判者。"这正适用于你笔下的所有角色。证据将会齐备，而他们每一个人都会是自己的审判者。你起初可能不知道判决是什么，也不清楚他们的本质，只知道他们的外表。别担心，更多信息将会随时间慢慢显现。与此同时，你能看到这些角色的样貌吗？他们给人的第一印象是什么？他们在这世上最在意、最想要的是什么？他们的秘密是什么？他们如何举手投足，身上有什么味道？每个角色都像是一部展示他或她是谁的广告——所以，这个人究竟是谁？你必须设法将之展示在

我们面前。无论你笔下的角色说了什么、做了什么，都源于他们的为人，因此你需要开始尽可能地了解每一个角色，方法是深入自己的内心，观察你性格的方方面面。你也许会从中发现一个骗子、一个孤儿、一名护士、一位国王、一个扒手、一位传道士、一个失败者、一个小孩、一个丑老太婆。深入研究每个角色，试着捕捉他们的感觉、想法、言语和生存之道。

另一个熟悉角色的方法，是根据你认识的某个人塑造角色。你的角色可以有一个存在于现实生活的原型，或是一个综合产物——例如在艾德加叔叔身上加上那个十分钟前你在邮局排队时偷偷观察的家伙身上的怪味和神经质的抽搐。不妨在你的脑中审视这些角色，然后描绘出来。不过，一页接着一页的平铺直叙，很可能会令人厌倦。所以，请试试看你能否听见他们说了什么，还有他们说话的方式。一行具有真实感的对话所透露出的人物特质，要胜过好几页叙述。

你的角色们在几杯黄汤下肚后，跟最亲近的朋友诉说个人现状的方式，会产生什么不同？在他们描述自认是什么样的人、最近过得如何时，将他们的话逐字记录下来。以下是小说家安德烈·杜布斯的一段文字，我经常在初谈角色时将之分发给学生看：

> 我喜爱短篇小说，因为我相信它呈现了我们生活的方

式。短篇小说是朋友向我们倾吐的一切，包括他们的痛苦与欢乐、激情和愤怒、渴望以及对抗不公不义时的呐喊。我们会整晚坐在某位朋友身边，听他诉说婚姻的结束，最后得到的是一系列关于激情、柔情、误解、悲伤、金钱的故事，他婚后和妻子对骂、冷战或是做爱的那些时刻，以及平凡日常生活中的经历。在他的婚姻慢慢走向终点的同时，他依然如常工作，晚上和朋友小聚，同时抚养儿女——但这些是另外的故事了。这也是为何我们在聆听朋友诉说他一段痛苦经历后的几天，再见到他时会问：你好吗？因为我们知道此刻他或许又有了另一段故事可说，或者正处在故事之中，我们希望是快乐的故事。

你也可以将角色的生活想象成一个篮子，思考篮里承载的一切：这个人的日常习惯和信仰为何——是什么维持了他们灵魂的完整？你创造出来的角色会在日记中记录哪些琐事？我吃这个，我恨那个，我做了这个，我带狗出去遛了很久，我跟邻居闲聊，诸如此类。这一切细节会让角色站稳脚跟，与其他人有所关联，使他们的生命多少有其意义。

篮子是一个恰当的比喻，因为它布满了小洞。角色是否意识到了这个篮子有多么脆弱？你笔下的角色如何存在于当下？有人曾对我说："我正在学习把握当下——不是上一刻，也不是下一刻，而是此刻的当下。”你的角色活在哪个“当下”？

你的角色会教育、灌输给儿女哪些东西？举个例子，我儿子山姆只有两岁时，我教了他好久的和平口号。当时正值海湾战争，我有点愤愤不平。

“我们想要什么？”我对山姆喊道。

“和平。”他会乖乖回应。

“我们什么时候要？”我问。

“现在！”他回答。我露出微笑，给他奖励。

当然，这些字眼对他来说毫无意义。不过我的朋友们觉得这挺棒的，山姆的祖父母也有同感。好，你能否告诉我，关于我的为人，以及我的渴望，这件事透露了多少信息？我想诸如此类的琐事能告诉读者的，会比三页的平铺直叙还要多。它展示了我目前的政治立场以及这一立场所根植的政治传统、取悦他人的倾向、对和平及归属感的渴望，还有我会利用幽默来化解怒气和挫折感，并把儿子当成小小传声筒的事实。最后一条有些吓人，但也有些令人心酸。或许三十五年前，我也需要在父母的朋友面前表演，充当他们的小小传声筒。也许我会在几个月后跟心理医生谈及这点。而一旦我明白了自己在做什么，是否会停止利用儿子？不，我没有，而这件事甚至告诉了我们更多的信息。我仍继续那样做，即使战争已经结束了很久。直到有一天，我大声问已经三岁半的儿子：“嘿，我们要什么？”他哀凄地回答：“午餐。”

塑造讨喜的叙述者，是让作品引人入胜的关键！

我曾询问伊桑·卡宁，据他所知，最有价值的写作建议是什么？他毫不犹豫地说：“没有什么比一个能赢得人心的叙述者更重要。没有什么比这更能将整个故事凝聚在一起。”我想他是对的。若你的叙述者具备迷人的表达方式，那么即使好长一段时间里无事发生也没关系。我可以观看演技派男星约翰·克里斯或安东尼·霍普金斯洗一个小时的盘子，无须过多其他情节。

拥有一个讨喜的叙述者，就像拥有一个好朋友：你喜欢他的陪伴，乐于了解他的想法，他滔滔不绝的意见能完全抓住你的注意力，逗你大笑，而且你总想偷偷借用他说过的话。如果你有这样的朋友，即使对方说：“嘿，我要开车去佩塔卢马镇的垃圾场，要一起来吗？”你也会觉得世上没有任何其他更吸引人的事。反之，若有个无趣或讨人厌的家伙请你吃昂贵的晚餐，餐后再招待你看一场精彩无比的表演，坦白讲，你很可能宁愿自己待在家中，盯着肉冻，等它凝固。

一个人犯下的错，是使他讨喜的主要因素。我希望故事的叙述者是我想要交往的朋友，也就是说，他们有许多和我类似的缺点。过度关注自我不见得是坏事，凡事爱拖延、自欺、邪恶、嫉妒、卑躬屈膝、贪婪、酗酒，或有毒瘾也是一样。角色不能太完美；完美意味着肤浅、虚假和极端乏味。我希望他们拥有出色的病态幽默感，关心重要事务。就后者而言，我指的是对政治、心理和精神议题有兴趣。我希望他们想知道自己是谁，以及人的一生是为何而活。我希望他们有跟我一样的心理问题，比方说，一位朋友某天曾对我说："如果努力尝试的话，我可以痛恨海洋。"我立即发现我喜欢脑中有这类怪念头的人。

我希望故事的叙述者拥有希望——若一位朋友或一个叙述者过早地表露出绝望的态度，我便会失去兴趣。这会让我感到丧气，想要暴饮暴食。若一个人不抱希望，但他对这件事表现出来的态度足够好笑，那么我觉得没关系，不过若能够表现得好笑，说明他内心绝对有某种希望和乐观的存在。小说中应该存在希望，至少美国小说中理应存在希望，法国小说则不一定非得如此。我们打赢了大部分战争，他们则不然。不过他们的确曾帮助更多的犹太人逃出了纳粹的魔掌，这当然也是一种胜利，尽管我的朋友珍指出，若当时这些犹太人在他们面前讲了蹩脚的法语，他们绝对会毫不犹豫地把对方轰出去。无论如何，没必要写充满绝望的小说。我们明知总有一天会死，重要的是能勇敢面对死亡。

不见得每个人都那么风趣或聪慧，但如果他们拥有敏锐的洞察力，仍可以成为一个很棒的朋友或叙述者——尤其是当他们愿意为生存奋斗，或正在经历如此过程的时候。这向来是个有趣的题材，因为我们每个人终究都要面对这项重任：有时我们像在攀爬石壁，必须一手紧抓突出的石头，一手抓着另一块，每个脚趾也忙着摸索稳固的临时踏脚处，所以没有闲暇胡思乱想、喝香槟、交换机智的悄悄话。你不会在意遭逢如此绝境的人表现得一点也不风趣，反而会很高兴看到他们正在做一项你终有一天也必须面对的任务。艰险和尊严能让叙述者变得吸引人。

和所有角色共处数个月后，你才会知道真正的主角是谁

此外，判定什么才称得上有趣或引人入胜，是很主观的事。有时，别人拿给我一篇文章或一本书，向我保证绝对精彩，但我没看几页便昏昏入睡，接着又猛地惊醒——就像看电影时睡着后突然惊醒的刹那，还以为自己是从飞机上掉了下来。以下是我针对“有趣”这一概念的最后结论，引自艾比凯尔·托马斯的一篇短篇小说：

> 我妈挑选男人的首要标准，是他是否有趣。这背后真

正的意思是，他要懂得欣赏我妈。她讲笑话主要是在文法上故弄玄虚，或是跟高等数学的实用知识有关。这样你该懂了吧。罗比的有趣程度跟一双红色匡威休闲运动鞋差不多，但他会指指地上的床垫，微笑着慢慢解开他的皮带，任由身上的牛仔裤滑落，说："躺下。"

我觉得这足够有趣了。

还有一件事：我们希望重要角色，例如故事的叙述者可靠。我们希望相信他不是在耍诡计、忸怩作态或操纵他人，而是在尽其所能地陈述真相。除非忸怩作态、爱操纵他人或说谎是他的一个重要特质。我们都不希望被粗暴地操纵。当然，我们进入小说的虚构世界便等同于受到操控，不过是以一种令人愉快的方式。我们都希望被按摩师按摩，而不是被鸡毛掸子抽打。

这又引出一个议题，即身为写作者的我们如何陈述真相。吊诡的是，写作者一直既在追寻真相，又在说谎。凭空编造就是说谎，只不过写作者是打着挖掘真相的名义编故事，然后坦诚地将之清楚表达出来。你所杜撰的角色，部分源自个人经历，部分则是潜意识的无中生有，你必须全心全意地说出关于角色的确切真相，即使他们是编造的。我认为这么做是基于为人处世基本的道德原则。我不想被人糊弄，我希望你告诉我实情，而我也会对你这么做。

最后还有一个提醒：等你跟你笔下的角色共处数个星期或数个月后，才可能开始了解他们。弗雷德列克·布赫纳曾说：

> 你会出于艺术目的，不让自己笔下的角色犹如踩着游行鼓点般坚定不移地前进。你也会给予他们某种程度的自由，让他们做自己。若次要角色显现出了成为主要角色的倾向，那么你至少该给他们机会试试，因为你可能写了许多页，才发现在小说的虚构世界里真正的主角是哪些人，就像在现实生活中，你可能许多年后才会发现某次在火车站跟你聊了半小时的陌生人，比你的牧师或最好的朋友，甚至心理医生更清楚地道出了何处才是你真正的家乡。

别假装自己比笔下的角色更了解他们，因为你并非如此。敞开心胸面对他们。下午茶时间已到，每个洋娃娃都在玩具桌前坐定了，你只要倾听，就这么简单。

08.

情节

情节指的是书或文章的主线。若想阅读针对情节构造的长篇精彩论述，你可以选择 E.M. 福斯特和约翰·加德纳的书籍。他们精辟透彻、充满智慧的论点，会令你拍案叫绝。我只想在这里补充几点，是我在学生特别苦恼和困惑时会传授给他们的观念。

先了解角色再发展情节，千万不要让情节绑架角色

情节是从角色身上发展出来的，所以不妨集中注意力思考你笔下的角色是什么样的人。若持续描写你所认识的两个人，并在此过程中越来越了解他们，那么最后必定会发展出

情节。

角色不应该被已设定好的情节绑架。你反过来强加在角色身上的任何情节，都会显得空洞虚假。所以别为情节操心，应该多加思考角色。让他们的一言一行揭示他们的本质，参与他们的生活，并不断自问：此刻发生了什么？角色之间关系的发展将创造出情节。弗兰纳里·奥康纳在《奥秘与方法》一书中提到，她会将一叠早先创作的故事拿给住在街道另一头的老太太看，老太太将故事递还给她时说："这些故事只是让你看到，为何某些人就是会做某些事。"

情节与角色的关联正是如此。就像一个人会义无反顾地去做某件事，即使所有的迹象都告诉他不可以，所有的迹象都告诉他应该安安静静地坐在沙发上做深呼吸和冥想、打电话给心理医生，或者吃点东西，直到做那件事的冲动过去。

所以，你应该把注意力放在角色身上。比如说，在福克纳的小说中发生的一切，都是源自每个角色的天性，即使他们不见得是你理想的约会对象，却深深吸引着我们，因为我们相信他们真的存在，而且他们的所作所为与性格相符。我们之所以欣赏福克纳的作品，是因为他笔下令人厌恶的角色也令人着迷，他的写作令人着迷；我们通过阅读他的作品，能了解到他所看到的人生。福克纳经由自己笔下的人物将之呈现，你能给予读者的是从你的眼中看到的人生。你无法给予读者一张潜水艇设计图，毕竟人生不是潜水艇，也没有设计图。

你不妨思考每个角色人生中最在意的是什么，发现哪些人、事、物正在受到威胁。接着，找出一种方式揭示这个危机，让角色找到、紧紧把握、挺身保卫自己在意的人、事、物。然后，你可以让角色从顺境进入困境，再回到顺境，或从困境到顺境，从失去某样东西到找回它。重点是，一定要有某个人、事、物面临危机，否则故事便会没有张力，读者也不会想继续读下去。想想冰球运动员——场上必须有球可打，否则他就会显得十分可笑。

我的做法是这样的：我每天早上在书桌前坐下，将前一天写下的文字重读一遍，然后便盯着白纸或空气浮想联翩。我思考故事里的角色，任凭自己做着跟他们有关的白日梦。于是，一部隐含各种起伏情绪的电影开始在我脑中播放，我出神地盯着电影画面，直到一堆文字跳出来，组成句子。然后，我会乖乖将它写在纸上，因为我是指定的打字员，是小孩忙着挖掘时帮忙提灯的人。小孩在挖什么？一堆宝物，其中包含细节、线索、景象、虚构的事物、创意，以及对角色的直觉性理解。告诉你，提灯的人半数时间里甚至根本不知道小孩在挖什么——但等到她看见，就会知道它们很珍贵。

好的情节必须像梦境一样，栩栩如生、没有中断

随着你每天一次仔细聆听并观察自己笔下的角色做事、说话、相遇，故事情节也会跟着成形。你会看到这些人物如何影响彼此的生活，他们能做出怎样的行动，以及他们各自不同的结局。这个发掘故事的过程，通常不会是持续连贯的，而是断断续续的。别担心，试着将故事向前推进，反正到时候可以再将它从头捋顺。约翰·加德纳写道：“作者创造出一个梦境并邀请读者进入其中，而梦境必须栩栩如生、没有中断。”我要学生们把这句话写下来——“梦境必须栩栩如生、没有中断”，因为这一点非常重要。教室之外，你不可能坐在读者身边解释自己没写清楚的小事，或添加细节好让人物的行为更有趣、更具说服力。素材必须靠其本身发挥作用，而梦境必须栩栩如生、没有中断。回想一下你晚上做的梦，梦中的景象总是流畅地转换，你不会转动紧闭的双眼打岔说：“等一下——我从来没有跟卡特总统夫人一起嗑过药，也根本没养过马，更别提拥有好几匹阿拉伯迷你马了。”大多数情况下，你任由景象发展和转换，因为一切是如此直接又吸引人。你只需要去发现接下来发生了什么事，而这正是你希望读者感觉到的。

你也许会需要别人——某个朋友或另一半帮你看看你的作品。他们能够告诉你哪里不连贯或是离题了，或者指出作

品并没有你想的那么糟，前一百页其实写得还不错。但无论如何，务必让别人看看你的作品。一人身兼创造者和刽子手，未免太痛苦了。何况，你可能无法看出问题所在，因为在你发掘角色的特质及经历并加以描述时，依靠的是感觉，而非视觉。所以不妨找个能提出冷静客观意见的人看看你的作品。我有位朋友名叫艾尔，不时会将别人养的猫送去宠物医院接受安乐死，因为它们的主人无法亲自去做这件事。其中一些猫生了重病或衰老失禁，令人不忍心眼睁睁看它们受苦。但艾尔不在意猫咪的任何状况。他一直幻想自己能有家公司，业务就是送猫咪安乐死，公司口号是“即使是猫咪也必须付钱”。让别人为你的稿子做这件事，帮助你删掉绝不可能起作用的情节转折，无论你曾为之耗费了多少精力或有多中意它。

如果我要三十个学生各自写一篇故事，主角必须是一对夫妻，他们原本打算离婚，后来却发展出了出乎意料的转折，最后学生们会交给我三十篇截然不同的故事，因为每个人都有不同的人生经历和感受。某个学生会写出一篇有关顿悟的故事：那个妻子看见一群野雁在月光下飞过夜空，突然决定给丈夫第二次机会。另一个学生则会描写丈夫在晨跑时，第一次坚信自己的婚姻值得挽回，当他一边朝家跑一边想着把这个好消息告诉妻子时，却被新手司机撞倒。还有学生会把故事背景设在好莱坞，因为他前一阵子读了纳撒尼尔·韦斯特的小说，他的故事在怪异中透出华丽的光芒。每位写作者对爱与生命的内涵，都会有他或她自己的描述，这些描述有的悲伤，有的愤世嫉俗，有的充满希望，有的节奏缓慢而含蓄，有的则戏剧性十足。

情节必须持续推向高潮，绝对不可凭空捏造

戏剧性是抓住读者注意力的一种方法。戏剧的基本结构是开篇设定、发展、高潮——和讲笑话一样。开篇设定告诉我们背景是什么。发展是在某个点开始行动，向前推进，并逐渐聚集所有要素。高潮则是问题的解答：你究竟为何将我们带到此处？之前你不断尝试告诉我们的到底是什么？戏剧情节必须向前推进并向上升华，否则观众必定会感到如坐针毡，最后失去耐性，大失所望，愤愤不平。所以，一定要有持续导向高潮的发展。

你必须推动故事角色往前走，即使他们的行动很缓慢。请想象你带着读者穿过一个荷花池，若每一朵荷花都被描写得很动人、很仔细，读者就会更愿意跟着你一起往池塘另一端走去，其间只需要一些最基础的过渡元素——节奏、气氛或情绪。

你可能必须运用一些手法和技巧来发展情节、帮助读者记住每个角色——让某个人物总是拿着雪茄，另一个人物则有一双酗酒者般布满血丝的小眼睛，但若是毫无根据地凭空捏造，没多久就会泄底。如果你知道自己硬加了某个天外飞来般的元素，好让情节进一步发展，例如只是为了让情节发挥效果，便插入了一个你根本不了解的角色，赋予其连你都无法信服的情感，你很可能逃不过读者的眼睛。读者会开始不信任你，甚至变得尖刻不满。在读者会产生的情绪中，这些可能是最糟糕的。你必须假设读者是聪明而专注的，即使这几年可能稍稍有点退步，所以若想凭空编造，我们会逮到你的。

如果你发现自己已经这么做了，就应该停笔，重新审视故事角色。你应该深入研究这些人，如果你不了解他们，就意味着你必须深入研究自己。拥有这么多癖好和缺点，却又如此奇妙的你，将会弄清楚这些角色的真实样貌，以及他们在某种特定状况下会做或不会做什么。

我曾读到一篇美国作家卡罗琳·邱特的专访，其中一段非常精彩。她是《缅因州的埃及豆》的作者，在访问中谈到了重写："我常常觉得写作就像是我有二十盒左右的圣诞装饰，却没有树。你会问，那要把装饰挂在哪儿？对方说，好吧，你可以得到圣诞树，但我们要蒙上你的眼睛，让你用一根汤匙把树砍下来。"

这正是我过去无数次创造情节的经历。我拥有晶莹闪亮的漂亮灯泡，但没有挂它们的圣诞树。我只好将心思全放在角色身上，关注他们，试着越来越了解他们，每天早上乖乖坐在书桌前，尽我所能努力写作。奇妙的是，我不知怎么就会知晓他们的经历。我一次又一次感觉到自己笔下的角色，知道他们是谁、会有什么遭遇、去过哪里、将要去哪里，又有能力做什么。他们只是需要我帮忙写下来，因为他们的字迹很难看。

如何创造令人惊讶但合情合理的高潮？

让角色发生重大转变，还有短篇写作公式“ABCDE”

有些写作者在动笔没多久、离故事高潮还很远的阶段，便宣称自己知道高潮是什么。通常接近故事尾声的高潮，是一个将你到目前为止演奏的所有旋律化为重要和弦的重大事件，在此之后，你笔下的角色中至少会有一个发生极大转变。若没有人转变，你的故事重点何在？为了制造高潮，必须有人被杀害、被治愈、被统治。被杀害可以是真的被一桩谋杀案夺去生命，也可以是精神上的扼杀，丧失灵魂深处的某一部分，或者是杀死内心的麻木，使角色重新活过来。治愈可以是愈合、改造，或某个脆弱而珍贵的事物获得拯救。但无论发生什么，高潮都必须让我们感到那是无法避免的，即使可能令我们惊讶，却仍觉得很合理：事情理所当然会走到这个地步，角色理所当然会陷入这样的境况。

要让读者产生这种无法避免的感觉，只能让故事高潮随着时间发展自己慢慢浮现在你面前。你或许认为自己知道这段高潮包含了哪些内容——虽然以此为目标去写作倒也合情合理，但我建议你不要太过局限于此。不妨将注意力集中在故事角色是什么样的人、他们对彼此的感受、他们会说的话、他们身上的气味、他们害怕谁等等方面。让你的角色跟随他们听见的声音走，让声音引领他们到该去的地方。等你已经足够接近，可以窥见入口，有如从小缝隙中看见复活节彩蛋的内部彩绘，你或许便会发现，角色们的内心想法，自始至终都比你打算赋予他们的更机敏、更有意义。

所以朝目标前进，但不要局限于此，当你终于看到高潮在眼前成形，便可朝着它全力冲刺。

最后再加一点补充。我曾听过爱丽斯·亚当斯一切有关短篇小说的演讲，她提到的一点令在场的写作班学生们深感鼓舞，从此我也将它告诉学生。（大多数时候我都会在课上提及她的名字，将功劳归于她。）她说，有时她会运用一套公式来写短篇小说，这套公式简称“ABCDE”，即行动（Action）、背景（Background）、发展（Development）、高潮（Climax）、结尾（Ending）。你以具有强烈吸引力的行动作为开头，吸引读者融入故事，促使我们想知道更多。背景旨在让读者看见并了解这些人物，他们如何聚在一起，在故事开始前发生了什么事。接着你进一步深化这些人物，好让我们得知他们最在意的是什么，而情节——戏剧性、行动张力，将会由此发展出来。你将他们向前推进，直到集合了所有要素的高潮来临，而在高潮过后，主角们会有所转变，呈现出某种实实在在的差异。接着则是结尾：我们如今对这些人物的感觉是什么？他们经历过什么？对他们有何影响？那些遭遇意味着什么？

记住这套公式是帮助你开头的好办法。终于潜入水中的感觉很棒，也许你会有一阵子手忙脚乱地打水，但你终究下水了。你开始按照自己记忆中的方法划动四肢，心里感到害怕——担心这有多难、不知还得游多远，但你终究已在水里了，不只浮着，而是正在前进。

对话

09.

缺乏流动感和节奏感的对话，会立刻毁掉一部作品

看到精彩的对话是一种乐趣，它们全然改变了故事节奏，暂时打断了平铺直叙。角色突然开口说话，不仅能一下子抓住我们的注意力，也能让我们从中得到偷窥的乐趣，因为角色并不知道我们正在听。我们感觉自己正在偷偷参与他们的内心活动，同时不必一直聆听他们的思绪。我不希望角色始终只在纸上独自思考不说话。总是只有我一个人东想西想，没有人把自己带有妄想强迫症病征的想法倾倒给我，实在太乏味了。

另一方面，没有什么比糟糕的对话更能破坏整篇作品的气氛。我的学生在课堂上朗读自己的故事时，如果前面都写得很棒，接着却出现了一大段矫揉造作的对话，听起来像二流演员在烂片里的台词，那么突然间，整篇故事的气氛就会荡然无存，完全失去了共鸣。我可以看见学生脸上露出讶异的表情，因为那段对话在纸上看来似乎没什么问题，但此刻却仿佛是从印度语直译过来的，而且翻译得很糟。问题在于他们只是逐字写下了对话，一旦将对话大声念出来，便会发现它缺乏一般人在现实生活中说话的流动感，以及把语句串联起来的节奏感。

如果是非虚构类文章，你写下的必须是某个人确实说过的话，但小说则没有如此限制。对话关乎听觉，就像搜寻具象化的细节大都依靠视觉。对话不是要重现一段真实的发言，而是转译角色讲话时注入字句的语调和节奏。你要将你对角色说话方式的理解写出来。

聆听真实存在的人以及你的故事角色说话，并写下你听到的内容，是种实用的技巧。故事角色的言语应该或必须比真人开口说出来的话更有趣、更扼要，甚至更真实。小说对话更像是电影，而非真实生活，因为它必须更具戏剧性、更具律动感。在电影出现前的年代，或者说在海明威出现前的年代，小说中的对话要比现在安排得更精心，语言更华丽，人物的说话方式是今日的我们无法在现实生活中想象的。到了海明威的小说出现后，对话开始精简，精彩的对话变得犀利直接。只要处理得当，对话便能以令你屏息的方式推动情节。

写出引人入胜对话的三个诀窍
——大声念出来、精心设计说话特色、琢磨不可说出口的对话

在坐下来写对话时，我有几个诀窍可以帮助你。首先，听听你写下来的对话，也就是将之大声念出来。如果你无法做到，默念也无妨。你必须不断练习，一次又一次地反复去做这件事。然后在你外出、离开你的书桌时，去听听别人聊天，你将会发现自己开始剪辑这些对话，变换它们，在脑中想象若将它们写在纸上看起来会如何。不妨听听别人实际上如何说话，然后慢慢学习将他们五分钟的言谈浓缩成一个句子，同时依然保留原意原味。若你是写作者，或想成为一个写作者，这正是你度过每一天的方式——聆听、观察、将收获储存起来，让自己的置身事外有所回报。将你吸收到的、偷听到的一切带回家，然后将它们化为宝物（或至少尝试这么做）。

其次，别忘了你必须能够透过每个角色的言谈，辨认出他或她是谁。一个角色的说话方式和特色应该跟其他角色不同。他们不能全都像你自己，每个角色都必须拥有自我。若你能赋予各个角色与之相符的说话方式和特色，便能由此得知

他们的衣着、所开的车，也许还有他们在想什么、父母教养他们的方式，以及他们内心的感受。你必须任由自己去聆听他们正在说什么，而不只是你自己在说什么。至少给每个角色一个表达的机会，有时他们正在说的话和他们说话的方式，会让你最后发现他们其实是什么样的人，以及实际上正在发生的事。哇——他们俩根本不会结婚！因为她是同性恋！而你一点也不知道！

第三，你或许可以把两个互相看不顺眼的人放在一起，这两个人彼此厌恶到宁可整天被关在家里，也不愿冒着可能会碰到对方的危险出门。这世上的确有一些人几乎让我想加入政府的证人保护计划，以确保我绝不会再跟他们有所接触。或许你的生活中也有这类人存在。不妨挑出一个角色，你的故事主角正好对他或她有这种强烈厌恶的感觉，将这两人放在同一部电梯里再让电梯出故障停运。没有什么比超级紧绷的气氛更一触即发了。现在他们两人都有很多话想说，但又怕自己无法控制想说出口的话。他们担心自己会突然爆发，他们可能会也可能不会，总有一种方法可以得知。无论如何，精彩的对话能给予我们偷听的感觉，而作者不会出面阻止。精彩的对话既包含了说出口的话，也包含没说出口的话。没说出口的话会耐心地坐在那部卡住的电梯门外等待，或者在电梯内如老鼠般绕着那两个人的脚跑。所以，不妨让这两个人克制自己的一些念头，同时让他们引爆些小炸弹。

若你够幸运，角色可能会在你撰写对话时，对你无法完全跟上他们说话的节奏而感到不耐烦。此时你就会知道自己做对了。

做足功课，彻底认识角色才能写出正确的对话

对话能呈现角色的特质，所以你必须设法找出与他们相符的表达方式，但你并不想坐在桌前，拼命把正确的字眼塞进角色口中。我不认为正确的字眼早已存在于你和你笔下人物的脑中，它们在别的地方。我们脑中拥有的是我们听到的、记得的片段、想法和事物，我们将手伸进这锅大杂烩，随意掏出某件东西，潜意识便会破门而入。举个例子，你描写一个男孩在街上走着，天气很冷，而你一直想拥有一件皮外套，于是给了他一件。你跟随着他在街上漫步，描述你所看到的，并仔细聆听。

假设这个男孩遇到了一个女孩。身穿皮外套的男孩在街上遇见一个拎着古驰皮包、有着性感厚唇的漂亮女孩，他不能直接就说“嘿，我们结婚吧”，必须先有事情发生。他们必须互相认识，哪怕只是粗浅地认识。他们会交谈，会谈到自己和各自的朋友。将这一切写下来。等你跟他们相处了一阵子后，他们讲起话来便会比较像他们自己——因为你对他们越来越熟悉了。此时，你也许会发现，最好将那件皮外套去掉，它太流气了，之前的对话也需要重写。但先别停下来，继续往前推进：让他们出去约会，让他们的关系出现一点波折。稍后再回头重写。

你越了解自己笔下的人物，就越能从他们的角度看事情。你必须相信自己能通过聆听人们说话、观察他们、留意他们的衣着和一举一动、理解他们的说话方式做到这点。你会不计代价地避免让故事角色落入前人作品的窠臼。你应该从真实存在的人身上学习关于人的一切，而不是通过文章或书籍。你所读的东西只是在帮助你确认你在世上观察到的一切。

随着你对故事角色的了解加深，你会对他们产生感情。你不应该只对某个重要角色有如此感觉，对恶棍也应同等看待——事实上，对恶棍尤其应该如此。人生不是非黑即白，就算是恶棍也有人性的一面，英雄也有大缺点。留意每个角色所讲的话，便能了解他们的内在特质。

只有在漫画和类型电影中，我们才能在坏到骨子里的恶棍被消灭时体会到快感，因为在这些作品中，他们已经被系统化地抹灭了人性。他们只做坏事、说恶毒的话，然后照例会被消灭。到了结尾处，快慰感也随着正义的伸张油然而生。

你不能凭着自己对英雄或恶棍的认知来描写他们，同时期待读者为之着迷。你很可能需要在你的内心之中搜寻这些角色。以电影为例，如果安东尼·霍普金斯在出演电影《沉默的羔羊》前，对汉尼拔·莱克特的情绪和心理没有深入的了解，那么他在片中的言谈举止便无法表现得如此可怕或有说服力。当他在电影中首度出场时，他只是垂着双手、面无表情地站在那里，就足以令人胆寒——我感到内心强烈的不安快要决堤，双脚也仿佛产生了自己的意志，打算先我一步逃到电影院外。要达到如此效果，霍普金斯事先必定对莱克特内心的某些部分有所共情，对他的心理也有相当的理解。

写作者必须以这种方式尝试了解他笔下的角色。当恐惧和自卑告诉你绝对办不到时，唯一的办法便是通过每天一点一滴的努力，逐渐消除这种感觉。你真的可以办到，真的可以从内心找到这些人物，并学会倾听他们要说的话。

例如，你描写了这样一个人物：只要有人对他讲话直接，他就会受伤——跟你大不相同，哈哈。但他在某种程度上也有点像你，每当他稍感紧张或沮丧时，便会找一堆油腻的高热量食物大吃一顿，以寻求慰藉。所以，他可能也有点超重——我并不是说你超重，我相信你的体重很正常。无论如何，不妨假设他是一个坐办公室的职员，向来被照顾得很好——我们可以从他透露的哪些信息中知道这点？先让我们好好打扮一下这个人，因为待会儿可能需要羞辱他。他的领带每天都由太太打得整整齐齐，从中可以看出一些端倪。而他的衣服、戒指和皮鞋也会透露信息，帮助我们发现他是什么样的人。但更重要的是，他将会和他的秘书、同事，以及给他打电话的人说什么，而这些人又会回答他什么，我们想从双方的角度听听这些对话。

假使他的上司对他说了一些看似无关痛痒的话，却刚好踩到他的痛处，他会如何？如果这次他以完全不同的方式应对，而非丢下工作、一走了之，他会如何？如果他开始讲出跟你之前的设想完全无关的话，但奇怪的是它们听起来又很真实，将会如何？假使他说出了羞辱上司的话，很可能会砸了自己的饭碗，却没有从暴饮暴食中寻求安慰，而是整个午餐时间都泡在了情趣商店里，又会如何？嗯，可能你打从一开始就把他想错了。只需两行对话，你就会发现他其实并不是一个毕业于常春藤联校的律师，而是高不成低不就的地毯推销员。这样不断修改的写作方式或许会让你觉得有点麻烦，但至少你可以知道自己真正在写的是什么样的人。

现在，我想听听他如何跟妻子描述他一天的经过，他提到什么、他如何描述，以及他刻意保留了什么。于是，你在内心搜寻这个一开口便屈居下风、脸皮有点薄又容易受伤的人，从而试着捕捉他会说的话。接着你写下拙劣的初稿，并大声念出来，然后保留那些听起来可信的语句，将其他的删掉。

我希望会有一种比较简单又不痛苦的方式，一条捷径。但大多数好作品的本质正是如此：随着不断写作，你会发现一切，之后再回头重写。记住没人会读到你的初稿。

联结你的潜意识，才能塑造出有灵魂的角色

我必须再离题一下：你创造出这些角色，并慢慢弄清楚他们的一言一行，这些活动全部都发生在你内心那块无法触及的潜意识领地。那里是创作进行和完成的地方。我们从自己内心储存的角色着手，而潜意识为我们供应有血有肉、真实可信的人物。我的朋友卡本特将潜意识比作一个地窖，有个负责捏塑人物的小男孩坐在里面，通过地窖窗口将人物递给你。或许他也剪纸娃娃。他很安静，自得其乐。

你无法强迫自己接受小男孩提供的一切，也买不到打开地窖门的钥匙。你必须放松，任自己浮想联翩，不去理会内心的批评之声，坐在桌前进入某种出神状态。接下来，你必须练习。我的意思是，你不能只是坐在桌前流口水发呆，必须动手写字或打字。你也许会有一阵子写得不好，但还是要持续写下去。别忘记，在某种程度上，你只是打字员，而优秀的打字员懂得倾听。

我有时想象，地窖里的不是小男孩，而是一个脖颈细长、

个性和善的人，类似苏斯博士[1]笔下的角色，他极度专注，也自得其乐。他朝闲聊的角色们伸长了脖子，但不像个法庭书记员，而比较像独自坐在邻桌的某人，虽然试着不去偷听，但仍想听到全部。你或许也想为你的潜意识——你脑中这个和你一起工作，但和理性、意识分离的部分想象出一个适当的意象或比喻，如此能让你感觉没那么孤单。

最后再补充一点：在对话中使用方言或特定行话，读起来会很累。如果你有本事将之运用得巧妙传神，倒也无妨，就算其他写作者读到你的作品后因为这一点而破口大骂，你也无须在意，尽管去做。但最好保证你真的有这个本事，否则阅读这样的小说是很费劲的事，会让人累到脖酸颈疼。如你所知，我们通常都处于神经紧绷的状态，生活本身已经有一大堆麻烦了，不需要你再多添一桩。不过，上星期我在超市排队结账时，外面正风雨大作，某个排在我后面的妇人拍了一下额头说："喔，什么鬼天儿！"并指了指外面的大雨。那天余下的时间里，我都忍不住想要写一篇以她为主角的小说——用方言。

1 苏斯博士：美国著名童书作家，笔下角色的形象通常有些怪诞滑稽。

10. 场景设计

想写出真实的故事场景，

直接寻求专业人士的协助就对了！

有时，你在为故事角色们的出场设计舞台场景时会发现，任由他们挤在舞台侧翼，准备自己的戏份，自由发挥，即兴对话，是很有用的。不妨想象自己是个场景设计师，正在为你写的剧本，或小说的电影版设计场景。这样或许可以帮助你思考情节发生的房间（或者是船舱、办公区、草地）是什么模样，你会想知道场景的气氛，四周的温度及颜色。就如每个角色都是一部展示他或她是谁的广告，每个房间也是一个展示房主身价和个性的小型陈列柜。每个房间都与记忆有关，它们透露了各种层面的信息，包括我们的过去和现在、我们是谁、我们的怪癖和信仰、我们的盼望与悲伤，以及我们为了证明自己的存在、自己的生活过得还不错而做的种种尝试。你可以看到我们偏好的房间明暗程度——打开多少盏灯、点亮几根蜡烛、有多少日照，可以看出我们如何试图让自己感到舒适。房间里混杂的各种摆设和景象是如此动人：凌乱的物品和墙上的裂缝，暗示着我们惨淡或支离破碎的生活，而照片和几件稀有的装饰品，则呈现出我们骄傲和光辉的时刻。

如同美国摄影师凯瑟琳·瓦格纳所言，这些房间是未来的废墟。

于是，你坐在桌前，尝试想象角色进入场景后的样貌，或许他们很有钱，而你没有——当然，你不会为此感到愤愤不平。你也许需要打电话给某个非常富裕的朋友或亲戚，尽可能委婉地请他们帮忙，为你设计一栋老富绅居住的宅邸。所谓委婉，是指你不向对方抱怨人生有多不公平，不抱怨随着时间流逝，你家的房子看起来越来越像《上帝小园地》中的贫民窟，你还得将狗安乐死，因为养不起它——如果你不抱怨这些，就会获得有用且详尽的信息。你只需说：“我正在为自己的小说构思一段情节，有关主人公第一次拜访家世显赫的豪门，不知道可否请你就你所知提供一点相关信息，像是他家可能会使用什么地毯、挂毯、灯具和古董摆设。不如就从客厅开始吧。能否请你尽可能详细地描述一个真正舒适华丽的客厅是什么模样？”接着你可以问问你的朋友，他脑中的那间客厅和厨房飘散着什么味道、光线是否充足，每个房间会发出什么不同的声响，寂静无声时又给人什么感觉。或者，你也可以询问某个出身贫寒的人，请对方详尽描述他家的住所，厨房、卧房，以及后院长椅的模样。

几年前，我正在写一本小说，其中一个角色是一位以园艺为业、真正热爱花草的女子。我个人并不喜欢园艺，但我乐于欣赏别人的成果，也喜欢采摘鲜花。我家前院铺的是人造草坪，泥土中插着能以假乱真的塑料花朵，看起来颇为赏心悦目，常令我想起卡明斯[1]的诗。

以前常有人送我盆栽，但它们的下场凄惨到实在不适合在这里详述。它们最后看起来就像一直被喷洒了橙剂[2]似的。我跟所有人讲过我很不会照顾盆栽，但他们认定我只是还没遇到合适的植物，他们要成为解救我、促使上帝恢复我敏锐观察力及其他一切能力的人，因此他们会送我一株非常好养活的小盆栽，我则会乖乖浇水，定时拿进拿出，让它避开或接受日照，完全依照养花指南行事，甚至带它绕屋散个步。但不到一个月，你就几乎可以听到叶绿素逐渐崩溃的声音，活

1　卡明斯：美国诗人、剧作家、画家，以风格奇特的诗作闻名。

2　橙剂："越战"期间美军大量喷洒在越南的毒剂。

像是电影《毒海鸳鸯》里的景象。接着你仿佛看到它握着自己细细的喉咙，瞪大眼睛看着你，一边喘气，一边控诉着——我的意思是，干吗要给自己找这份罪受？相信我，我已经有够多麻烦了。

我让这株可怕的盆栽活了几个月。我甚至不知道它是什么植物，不过在逐渐枯萎前，它大约有九十厘米高，翠绿得有点假。我为它浇水，剪掉枯萎的叶子，而它是怎么回报我的？它变成了去世前几天的霍华德·休斯[1]，重量减轻了，而且足不出户。我相信它很快便会开口要乳胶手套及一盒面巾纸，以便用来拿取每一口食物。我给它水、阳光、昂贵的肥料——它还要我做什么？难道帮它请一位心理医生？最后我终于清醒了。我把它拿到屋外，放在角落眼不见为净。你或许认为它很快便会恢复生机，但它没有。它死掉了。

因此，当我要为小说主角设计花园场景时，当然无法从自己的种花经验中挖出有用的素材，但不知怎的，我就是知道这位主角擅长园艺，我也无法向你解释为什么。不过我向来喜欢观察花园里的人群，喜欢独自坐在花园里冥想，也喜欢所有关于花园的隐喻。

人们大多会把人生比作两样事物，花园是其中之一，另

---

1 霍华德·休斯：美国航空业大亨，他在私人飞机上去世，死时体重仅有八十斤。晚年足不出户，房间从不拉开窗帘，在触碰任何东西前都要先垫一张纸巾。

一样当然是河流。隐喻是很棒的修辞手法，它根据已知的事物来解释未知，但只有当写作者的内心对其产生共鸣时才能达到效果。我觉得有点使不上力，因为即便我喜欢花园的隐喻，也想运用它，却不喜欢园艺。

我不知该从何着手，但我知道花园并非从一开始就是人生的隐喻——它最初指的是伊甸园。到了现代，花园则与人生、美以及万物生命的无常有关。花园涉及养儿育女、为族人提供食物[1]。这部分源自划定地盘的迫切冲动，或许可以追溯到动物储存食物的本能。花园是种展现竞争力的机制，就像饲养优质公牛，人们贪婪地追求最好的西红柿和英国玫瑰；它关乎取胜，关乎为群体提供最上等的货色，关乎证明自己有品位、眼光好，工作又勤奋。在花园里，一切都可能是敌人，例如蚜虫、坏天气、不好的时节，因此不时弄清敌人是谁，会令人大松一口气。于是，你为花园投入所有心力，细心照料，近距离目睹了那么多的萌芽、成长、美、危机和胜利——但之后一切终将死亡，对吧？即使如此，你依然持续耕耘。多棒的隐喻！我太喜欢了！我好想把一座花园写进我的书里！最后，终于，我想我该打电话给一家苗圃。

我找到了一位非常和善的男子。我向他解释自己正在写书，问他能否帮我为一个住在加拿大北湾、拥有大后院的人

1 英文中“花园”（garden）一词也有菜园、果园的意思。——编者注

设计一座想象中的花园。

我们决定先从夏天的花园景致着手，然后他再帮我思考其他气候和季节中的花园景致。

“你希望花园里有果树吗？”他问。

接下来的半小时，我们设计了一座种满各种花和树的园子。我告诉他，我在自己脑中看到，花园某处有一座白色的栅格棚架，询问他可以种植哪种藤蔓。他建议种糖荚豌豆。接下来我们又加入了一些蔬菜，还有一块长满野草莓的地。就这样，我拥有了自己的花园。后来我养成了每隔几个月便打电话向他报到的习惯。“苹果树在这个时节是什么模样？”我会问，“树上还会有果实甚至叶子吗？这个季节该如何照料花园？”

我也开始参观别人的花园，询问他们这株或那株植物的名字以及照料方法，若他们说出好笑或机智的话，我也会偷偷拿来用。我买了一本园艺书，研读花和藤蔓的相关知识。说真的，读过我小说的人会相信我热爱园艺。有时他们真的会跟我讨论园艺，认为我们可以切磋交流，就如园艺家们惯常所做的一般。最后我告诉他们，我只是纸上谈兵，这一切都多亏了周遭人们的许多帮助，他们对园艺的了解比我深得多，同时像现实生活中的朋友一般罩着我。

“你不喜欢园艺？”他们难以置信地问。我摇摇头，没有提及我喜欢采摘鲜花，因为这听起来是那么粗暴又堕落，就像名画家达利在被问及最爱什么动物时，他的回答竟然是比目鱼排。

这些年来，我曾邀请各种各样的人帮助我设计场景。我会请他们描述某些特定的美国城市或非洲村落中的景致，下雨时坐在一辆特定轿车里的感觉，或是在农场零工们依然会坐火车来镇上的年代，乘船顺河流而下是何种情景。接着我尝试想象它，越详细越好。有时我只要闭上眼睛，便能清楚看到那幕景致；有时我则会像只猫一样盯着空气，在脑中搭建着它。

11. 不要害怕写出错误的开头

错得离谱的开头，能带你找到故事的真实本质

我之前曾谈到，画家会在画布一角尝试描绘某个景象，却总是发现他画出来的跟脑中所想的不同，于是每次都用白色颜料将之涂掉，而这反复重来的过程，将会引导他发现自己想画的到底是什么。我的写作过程同样如此，我可能自以为了解某个特定角色是什么样的人，或一篇散文该如何铺陈，因此依照脑中朦胧的草图尝试写出来，结果却发现写错了，我误解了那个角色。我将她身上挂着的广告牌当成了她的真实内在。于是我用白色颜料将之涂掉，再试一次。

当我开始每月一次陪我教会里的朋友拜访养老院，带老

人做礼拜后，我领悟到错误的开头有多重要。在令人心情暗沉的第一次拜访后，我以为自己了解了住在养老院里的人，知道了他们的能力和人生。如果当时我开始动笔，应该会信心满满地撰写他们的故事，同时错得很离谱。

我至今已持续拜访养老院四年了。我对此并不真的满怀期待，但每次还是会去，我也不明白为什么。每当我走进养老院，闻到那些老人散发的气味，看见他们的轮椅有如弃置路旁的车辆般停在走道上，便开始祈求上帝别让我老了以后跟他们一样。但上帝可不是个快餐师，你想要什么就能马上给你什么，况且那些老人也曾有过青春岁月，我敢说他们也祈求过上帝别让他们年老时变成现在这样。

乍看之下，他们当中许多人似乎相像得出奇，就像残奥会上的许多参赛者一样，都有着近似一家人的外表。接着，你开始注意到有些人戴着小羊皮护腿或盖着毛毯，有些人修过指甲，有些人的牙齿还很全，有些人身上有疮，有些人没有，有些人看得出来年轻时很漂亮，有些人则不然，有些人似乎知道自己身在何处，有些人还记得主祷文里的词句，有些人正在打瞌睡，有些人试图跟唱简单的赞美诗并随着节奏打拍子，但即使打拍子也打得各自不同。有些人的拍子软弱无力，几乎没有声音。有个老妇人打得极为投入，仿佛在跳波尔卡舞。有位老公公只拍了一下手，仿佛在打苍蝇。我最喜欢的是一位跟我同名的老妇人：第一次见到她时，我认定她只是一个头脑不清、身上有尿味和痱子粉味的枯槁老太太，思绪空洞，心如死水；然而，她并非如我当初所想的那样，至今我依然不了解她是什么样的人，但我知道了她不是什么样的人。

她从不记得我的名字，当我下个月再向她重复一遍时，她便会做出拍额头的动作，然后我们俩都笑了。我怀疑她其实是在跟我闹着玩。每当大家唱到“阿门”时，坐在椅子上的她总会将双手放在膝上，手掌合成杯状，仿佛里面有只小鸟。她会在每个节拍处将手掌稍微分开一点点，仿佛想跟着打拍子，却又不想让掌心里的鸟儿飞出来。

如果我在最初几次拜访后就撰写她和其他老人的故事，他们的气味和困惑的神情会充斥在我的文字中。我会写下我们之间怪异的谈话（某个老妇人坚信我们是同学，另一个老妇人则问我山姆是不是一条狗），我会试图捕捉内心感受到的凄凉衰败。然而我没有下笔书写，而是继续前往拜访，努力找出他们凄凉人生的意义。最后，中世纪僧侣劳伦斯提到的一个意象帮助了我。他将世人看成冬天里的树，能付出、贡献的东西很少，叶子落光了，失去了色泽和光彩，也停止了生长，但上帝依然赐予我们无条件的爱。我的牧师朋友玛格丽特参与赡养工作，她跟我分享了这个意象，希望我也将老人看成冬天里的树，即使在一般人看来，他们已没有能力为社会做出任何贡献，但还是应该得到无条件的爱。

当你描写你的角色时，我们会想要知道他们“枝叶”曾经的模样、色泽，以及过往的成长经历。但我们也想了解他们的表皮剥落后，显露出来的是什么样的内在。所以，若你想更了解笔下的角色，就必须跟他们相处得够久，这样才能看出他们其实不是什么样的人。你或许会试图要他们做某件事，只因为这样比较方便推动情节，或者你想给他们贴标签，将他们框定在刻板印象中，好让自己保有掌控一切的幻觉。但他们的触角终将幸运地从那些框框内溜出来，最终你还是得承认他们的本质并非你原来认定的那样。

那些正步向生命终点的人能最为直接地教会我们这个道理。往常用来定义他们的那些特征都凋零、衰退了，例如头发、身材、技能以及才智，结果你会发现外在并非他们一直以来的本色。当外在消失，另一种美便会显露出来。我的朋友帕米在过世十天前外出购物散心，发现自己竟无法在支票上签下名字，于是转头对我说：“如果你连签张支票都办不到，活着还有什么意思？”我只能耸耸肩、摇摇头。但帕米的内在本质其实与她的双手能做什么无关。她是什么样的人，跟她的肢体功能一点关系也没有。

她过世一周年时，我去了她以前接受治疗的放疗中心，发现有人在纪念公园里种了一棵紫杉怀念她。那棵紫杉比我高，毛茸茸的，像是爱德华·科恩[1]插画中的人物。它看起来仿佛会突然走过来拥抱我。紫杉附近长了高高的花丛，可能是某种罂粟花，但几乎所有花瓣都掉光了，只剩下许多纠缠着往上长的花茎。接着我发现花茎上其实结了果，等到春天，里面的种子将会成长，并再度绽放花朵。

这正是现实人生的写照，我们日常的、养老院里的，甚至临死前床上的生活都是如此，而这也是好作品有时能引领我们留意到的。只有从忙碌中抽离，你才能看到存在于外表下的本质，一些令人惊喜的联结也会就此显现。

1 爱德华·科恩：美国插画家，作品常见于《纽约客》杂志。

12. 情节论述

所有作家在构思作品时，都毫无把握、惴惴不安

我的学生认为，备受尊崇的作家在撰写作品时，都很清楚自己要写什么，他们早已想好了大部分情节，所以他们的作品是那样出色，他们的生活是那样轻松愉快，他们的自信心是那样强，他们单纯的信念和孩子般的好奇心是那样完好无缺。嗯，我不认识任何符合这般描述的人。我认识的每个人在寻思适当的情节与结构时，都总是烦躁不安、叨叨抱怨、越来越没劲。欢迎你的加入。

另一方面，在还没想出通篇情节时，你可能会发现眼前又出现了一个临时目标，也许是你认为可以用作高潮的某个片

段。于是，你朝着这个方向写，但当你写到或快要写到高潮时却发现，基于你一路以来对于故事角色的了解，这个片段已经不适用了。它之前可能为你带来了信心，令你相信自己只要抓住这个临时目标，努力写下去，就能完成一部作品，但它现在看起来不再具有说服力，因此你也就无法写完这部作品。

我在写第二本小说时便遇到了如此状况。我对小说角色产生了强烈的感觉，促使我朝向一幕景象写下去，但等到那高潮的一幕出现，一切却都不对劲了。于是我沉淀了几天，静待角色们主动在我脑中现身，告诉我他们的台词和意图。渐渐的，我感觉自己知道这本书该如何结束、情节该如何连贯了。那时，我已经花了整整两年的时间写这本小说，将书稿一叠一叠地寄给维京出版社的编辑。

我的编辑一直都蛮喜欢书里的角色，也很喜欢小说的氛围和文笔，但在一口气读完我的第二稿后，他回信给我，一开头就写道:“这或许是我写得最艰难的信。”正在邮局内的我顿时眼冒金星，仿佛有人重重敲了我的头，整个房间也跟着旋转。编辑继续写到，虽然他很喜欢书中的角色和他们的言谈，但我就像是安排了一场精美的盛宴，始终没有邀读者坐下来享用，让他们又饥又渴。换句话说，这本书有如一栋少了地基和梁柱的房子，不仅正在崩塌，也没有办法加固。我应该将它束之高阁，重新构思另一部小说。

但问题是，我已经把预付稿费花掉大半了。

我在邮局陷入了极度的沮丧和恐惧，接下来的一个多星期里依然如此。羞辱感搞得我狂躁不安，又为自己的未来担心害怕。于是，我打电话给一个欣赏我作品并一直鼓励我的人，她要我给那本书一点空间、一点阳光和新鲜空气，并且一个月不去碰它。她告诉我一切都会没问题的，虽然她并不知道所谓“没问题”会是什么样子。

于是我动身前往我的“安息之地”——我在佩塔卢马河畔租了一栋老旧的大房子。那里非常安静，富有田园气息。没人认识我，也几乎没人知道我的行踪。从窗子望出去，可以看见草地上的母牛、牧草和干草堆。我花了几个星期舔舐自己的伤口，等待自信恢复。我试着不要针对如何拯救那本书或我的写作生涯做任何重大决定，因为我可以确定一件事：如果你想让上帝发笑，那就告诉他你的计划。

最后，我发觉自己已准备好把那本书稿再读一遍了。我一口气把它读完，非常喜欢。我认为它很棒。它当然是一团糟，不过是很棒的一团糟。

我打电话告诉编辑，我明白自己在做什么了，我会证明给他看。他真心感到高兴。

我租的那栋房子有一间很久没使用的客厅。一天早上，我拿着我那三百页的稿子，把它们一章一章地摊在地上。我将一段两页的章节摆在这里，一段十页的章节放在那里，把一叠叠稿子从开头到结尾排成一条线，犹如一行多米诺骨牌，或一条用砖瓦铺成的花园小径。最前面的几个章节显然应该调换到小说的中间部分，最后五十页的几个段落若换到接近开头处会很棒，其间还有一些零散的段落和场景可以加以整理，重新写成书中两位主角的绝佳介绍。我在小径上来回踱步，将一叠叠纸搬来搬去，把较完备的章节用回形针夹起来，潦草地写下附注，提醒自己该如何尽可能地修改、缩减，或扩展它们。我注意到何处有疏漏——少了转折语，或理应将一些关键信息交代清楚，好让后续的情节有意义。我在一张白纸上拟出需要补充的东西，再将它插入相应的那叠稿子中。这张纸上也留出了一些空白，也许适用于整段场景，就像一位好朋友在你遭受重大损失后，为你保留了悲伤或寻找方向的空间。不同章节处的笔记注明了此处该有危机发生，应放手让我之前一路呵护的角色遇到麻烦。我发现在何处可以对角色施加更大的压力，逼迫他们，增加他们的负担，使他们的困境显得难以避免。我也构思了困境的内容。接着，在确认之后，我将整部书稿依照新的顺序整理好，准备动笔写第三稿。

我以撰写一篇又一篇短文的方式写这份草稿，尽我所能将每一个章节处理好，无论它的篇幅有多短或看起来有多不重要。我拿掉了我偏爱的几个段落，当初我只是喜欢其中的文字、意象或幽默氛围，因而将其硬塞进了书内。我埋头工作了八九个月，终于将第三稿的第一部分寄出。我的编辑大为惊叹。接着是第二部分，他非常喜欢。在跟一个交往了一阵子的男友闹分手时，我完成了第三部分。当时我灵机一动，决定在寄出第三部分后借钱买机票飞到纽约，在那里待上一星期，跟我的编辑共同修润书稿，同时远离我想甩掉的那个男人。再者，我还能从出版社那里拿到最后三分之一的预付稿费，在纽约逛街买点东西，疏解压力。

于是我写信给我的编辑，通知他我要过去，他没说不行。我叫那个男人把他的东西从我家里搬出去。我还跟姨妈借了一千美元，跟她保证我会在月底还清，然后便飞往纽约。

抵达后的第一个早晨，我打扮一番，穿上高跟鞋，去见我的编辑。我猜想我们当天早上便会一起着手修改书稿，然后他会付给我最后一部分预付稿费。我会证明自己已经从先前令人崩溃的重挫中站了起来，真与美将再度赢得胜利。所有人若是知道这部书稿差点被扔进了垃圾桶，一定会大为震惊。但编辑只对我说："很抱歉。"我疑惑地看着他。"很抱歉，这份书稿还是不行。"他说。他不明白某些情节怎么会这样发展，某些情节又为何会那样开启，更重要的是，为何全书几乎都没有什么情节发生。

我坐在那里呆呆地望着他，仿佛他的脸正在融化。"我感到很抱歉。”他说。有一阵子，我震惊到哭不出来。我不断摸着额头，就像你会一直轻拍着头以确认头发没乱。我猜我看起来一定很像《欲望号街车》里发疯的布兰奇。接着，我开始哭泣，告诉他我现在就得离开。他要我第二天打电话给他，我答应了，即使我并不认为那时我还活着。

幸运的是，那时我依然喝着酒，活得好好的。我回到跟世交老友同住的房子，边跟他们聊天边灌下十几杯酒，然后搭出租车去找其他几个朋友，又跟他们狂饮无数杯酒，还吸了极少量的可卡因——事实上，我一度像只食蚁兽。接着我跑去烈酒专卖店，买了半品脱威士忌，回到我的屋子，直接对着酒瓶痛饮百世醇，最后醉晕过去。

我一觉醒来，只感到心灰意冷。我望着行李箱内的稿子，想到我为了创造那些美丽、有趣、深刻的角色，花掉了将近三年的时间，我突然怒火中烧，打电话到编辑家找他。他那天没打算去上班，情绪也相当低落。“我要过去找你。”我说。电话那头一阵沉默。接着，他小心翼翼地回答：“好。”似乎还想问一句：“你会带着刀吗？”然后我下楼，叫了辆出租车去他家。

他让我进门，试图说服我坐下来，但我太激动、太生气、太失望、太崩溃、太委屈，也太震惊了。书稿里有些章节会让读过的朋友大笑，或哭着打电话给我。它具备无比有趣的主题和某些从没人写过的重要内容，我很确定——多多少少确定。我开始在他家客厅来回踱步，像法庭上面向陪审团为当事人辩护的律师。我解释这本书的方方面面，其中有一些是我完全忘了写进去的，但我私心盼望这不会被轻易看出来。我补充了很多内容，描述存在于角色身上的一切，我原本认为我已经交代得够清楚了。我讲得唾沫横飞、慷慨激昂——二十八岁的我仍在严重宿醉中，感觉自己快死掉了，但我告诉了他那些角色是什么样的人、有什么经历。我简略描绘他们生活的根基，大声讲述我将如何解决情节和主题中几个最为严重的问题，以及如何简化某些部分并深化其他部分。我没有思考要讲什么，话就这么脱口而出。

等我说完，他看着我，只说了一句："谢谢你。"

为每个章节做简要的情节论述，才能客观审视全书的结构设计

我们沉默地并肩在沙发上坐了好一会儿，最后他开口说："听着，我要你写出你刚刚对我描述的那本书，你到目前为止都还没有把它写出来。随便去哪个地方，写一份论述，一份情节论述给我。一章一章地把你在刚才半小时中所讲述的内容写给我看，我就会付你最后的预付稿费。"

我照做了。我约定跟几个朋友在麻省剑桥待一个月。我每天坐在桌前，写五百到一千字，叙述每一章的内容。我探讨角色变成了什么样的人、他们会在何处、他们将要到何处以及为什么。有时我会直接引用书稿里的内容，撷取其中最好的句子，慢慢为我和编辑灌输信心。我也一次又一次地发现章节该从哪里开头、在哪里结束，角色要经历什么才能从章节开头走到章节结束，然后再走到下一章开头。这本书就像字母表般依序进展，有如一个栩栩如生、没有中断的梦。这篇论述长达四十页。我从剑桥寄出它后，便坐飞机回家。

它成功了。编辑给了我最后的预付稿费，我用它还清了我跟姨妈借的钱，也争取到了时间，以写出最后一稿。这次我确实知道了自己在做什么。我找到诀窍了。这本书在第二年秋天出版，是我最成功的小说。

每当我告诉学生这次经历，他们总希望能一睹那份情节论述的原稿。我将它带来课堂后，他们专心研读的样子，就像是在研究罗塞塔石碑[1]。它经由打字机完成，纸张经过多年已变得薄脆易碎。上面有随手写下的附注、糊掉的字迹，以及圆形的咖啡渍和红酒渍。在我看来，它并非一辆在我宿醉时直接载我到目的地的神奇小火车，而是一份证明我曾奋力走过那段旅程的美丽记录。

1 罗塞塔石碑被视为破解古埃及象形文字的关键。——编者注

你如何知道作品已完成？

13.

倾其所有，做到目前为止的最好状态即可

我的学生经常提出本节标题中的这个问题，我不太确定该如何回答。我猜他们大概以为一位出过书的作家在完成作品、写下最后一个字的最后一笔后，会将椅子往后一推，打个哈欠，伸伸懒腰，露出微笑。我不认识任何如此行事的人，一个都不认识。实际状况是你会翻来覆去地思考，无数次删改和重写，然后请某个人读一读你完成的作品，他会提供非常好的建议，你大多采纳了，最后内心有个声音告诉你，是着手推进下一部作品的时候了。当然，永远有可以改进的地方，但你必须提醒自己，完美主义是压制者的代言人。

我听说处于戒毒康复期的人有种说法：控制瘾头有点像试图让章鱼乖乖待在床上。我认为这很好地形容了你想方设法解决最后一稿中各种问题的过程。你好不容易将章鱼的每只脚都塞进了被子，也就是说，你想出了一个情节，化解了两个主角的冲突，也清楚掌握了基调，但还是有两只章鱼脚跑出来乱挥。也许是前半部分和后半部分的对话风格不一致，或者是某个角色仍旧太单薄，然而你终究还是把那些脚全都塞进了被子。可是，正当你准备关灯离开时，又有一只黏人的长脚伸出来了。

这种情况很可能就发生于你坐在桌前揉着脸，感到全身无力、脑袋卡住时。然而，即使章鱼伸出了一只脚，上面的所有吸盘正唬人地开合着，它微眯双眼嘲讽地瞪着你，仿佛想把你整个人吸干，只因为它感到无聊，而你也心知自己的稿子并不完美，期待它更好——即使如此，你也明白自己已倾尽所有，做到了目前为止所能达到的最佳状态，那么我想这便意味着你的作品已经完成了。

PART 2

The Writing
Frame of Mind

第二部分

写作的心境

14. 以宽容之心观察万物

挖掘万物的真实本质，是写作者的任务

写作牵涉学习留意和传达正在发生的事情。若你问我，我会说此刻正在发生的事是我们会聚在世上；至于最重要的一点，可能是我们并没有对彼此大吼大叫，否则我们大概会像京巴犬一样彼此狂吠：“啊！我被困在了这个鬼地方！都是你的错，都是你做的好事……”正如小说家罗伯特·斯通所言，写作是从人们的磨难中发现意义。如果你没有心存尊重，便无法做到。若你观察他人，却只能看到他们身上凌乱或华丽的衣着，你的判断将会错得离谱。

写作的人是旁观者，像儿歌《山谷里的农夫》中的奶酪般孤零零的[1]，但仍决定用笔和纸记录一些事。虽然置身局外，但你能通过自己的望远镜将一切放大观察。你的任务是清楚呈现自己的角度和观点，并看出人们真正的本质。要做到这点，你必须先尽可能怀着体谅之心了解自己是什么样的人，然后才能了解他人。这件事说起来容易，做起来难。我的叔叔班在二十年前写给我的一封信里说："有时你会遇到某个人，无论其年纪或性别为何，你都很清楚他是宇宙万物中独立运作的一部分，而你内心也有那样的一部分，在不断运转着。你的双眼咔地一眨，便听见共鸣之声响起，这就是了——你理解他们。"这正是我的意思：你希望读者在看到你笔下的一个角色时，双眼也会咔地一眨，但如果你没有先理解自己，就不可能精确呈现一个角色，让读者理解他。

用宽容和理解的态度对待小孩，相对比较容易，尤其是对自己的小孩——当他表现得很有趣或很可爱时，哪怕他正在伤害你，你也会宽容以待。宽容看待花栗鼠之类的生物也比较容易，我们甚至可以清晰客观地看待它们，看到它们的真实生活就在我们脚边或较低的树枝上展开，了解这活生生的动物如何为自己的日常琐事忙碌，聆听它们尖锐高亢的叽喳声，而不光是沉醉于它们的可爱。我不希望自己听起来太博爱，但在某些时刻，你会感觉自己和花栗鼠一样，都是宇宙万物的

1 《山谷里的农夫》中有一句歌词是"老鼠带着奶酪，奶酪孤零零"。——编者注

一部分。我想若是我们能暂时抛开自己的理性判断，就能够更频繁地感受到这点。理性判断似乎阻隔了万物一体的认知，好让我们有效率地运作、较妥善地处理日常事务，并按时填好税单缴费。但当你看见（真正看见）一名警察时，你甚至还是可以怀着万物一体的感情去观察他。你会看到他是一个活生生的人，跟所有人一样有烦恼和痛苦，而不会怀揣着对于警察的刻板印象看待他。你会一视同仁地接纳他。

现在要你用这种共情但置身事外的视角看自己，显然比较困难。练习会有帮助。最初几天你可能会很不习惯，但接下来的每一天都会稍有进步。我正在慢慢学习把自己莽撞躁动的心恢复到超脱于世、善待自己的境界，好放开胸怀，以尊重的态度关照其他事物。试着将你的心看作一只任性的小狗，你要训练它在报纸上如厕。当它在地板上撒尿时，你不会将它一脚踢到邻居的院子里，而会继续把它带到报纸前。我也在不断尝试着平和地引领我的心，以尊重的态度去看、去描写人事物的本质。若不学会这点，我想我的判断会一直有所偏颇。

用开阔的胸怀对待万物，
才能写出令人感到惊奇与震慑的作品

我真心认为，要成为作家，你必须学会尊重，否则你为

何要写作？又何必在这里？不妨将尊重理解为敬畏、在场感，以及开阔的心胸。它的对立面则是迟钝、封闭。回想一下这 样的时刻：你读完一篇散文或一首诗，立刻感到自己被它所呈现的美、洞见或对灵魂深处的一瞥所震慑，在那个瞬间，世间一切都完美地拼接在一起，或至少有了意义。我想这正是我们身为写作者的目标（请原谅我的狂妄）：帮助他人感受到这种惊奇与震慑，以全新的角度看世界，看见那些出人意料的事物，那些闯进我们局促狭小天地的事物。当你做到这点，便会感到天宽地阔。小孩子会不停惊叹："哇！哇！快看那只脏狗！快看那栋被烧毁的房子！快看那片红色的天空！"试着和这样的小孩一起闲逛。小孩指什么，你就跟着看什么，你也会随之留意到许多事物，甚至不禁惊叹："哇！快看那排高得不得了的树篱！快看那个好小好小的宝宝！快看那片黑得吓人的乌云！"我想我们在人世间正应该保持这种在场感，并心怀敬畏。我书桌前的墙上贴着一首波斯神秘主义诗人鲁米的诗：

> 神的喜悦从一个无名盒子转到另一个，
> 从一个小室移到另一个。
> 就在雨水渗进花圃，
> 玫瑰嫩芽破土而出时。

如今它像一碟米和鱼，

如今悬崖覆满藤蔓，

如今骏马已经上鞍，

喜悦藏于其中，

直到有天轰然蹦出。

你能从留意世间万物中得到极大喜悦。你可以效仿华兹华斯看待万物的开阔胸怀，认为眼见之物皆具有神圣的内在本质，而这意味着上帝隐含于一切造物之中。或者，你可能不会将万物视为神圣，不会把它们的外在视为内在不可见恩泽的可见表征，但这并不表示你是个粗俗无用的市侩之人。只要愿意，每个人都能够被大自然和人类心灵的美与苦痛所惊叹，也能捕捉到其中包含的细节和微小差异。若你开始四处留意和观察，便能真正看见。当我们看到令人讶异的事物，并尽可能如实、坦诚地描写它时，它便能给予你希望。你四处观察，惊叹道：哇，又是同一只知更鸟！哇，那个妇人又戴红帽子了！戴红帽的妇人传递出希望，因为即使帽子大得盖到了脖子，她依然每天戴着它走去镇上。在你脑海中的拍立得照片里，这些景象中的一个可能会模糊地出现在右下角，起初你根本不知道它也在照片中，但最后它竟勾起了你内心深处的某种情绪。下面是加里·斯奈德的一段诗句：

水面的涟漪——

水中银鲑游过的痕迹

不同于

轻风吹动的涟漪

这段诗句不到三十字，却使得涟漪的形态再次清晰鲜明起来。

我有一卷西藏僧侣吟诵真言的录音带，八字真言被一遍又一遍地重复了一个小时，但每一遍给我的感受和体会都不同。绝对没有一刻会让你觉得僧侣可能正在边瞄手表边想，“老天，才过了十五分钟”。即使已经过了四十五分钟，他的吟诵声依然清晰分明，直到念完最后一个字。但生命中的大多数事物并不见得有这么单纯明确，生命之歌也不见得每一节都被赋予了如此之多的专注。这样的专注是一种奖赏——全神专注于自我以外的某样事物，是理性的强力解药，因为理性经常只考虑自身，用狭隘和阴暗自恋的态度看待事物，以至于我们封闭自我，不给予任何人希望。

15. 找出你衷心拥护的信念

如果你缺乏衷心拥护的信念，就无法写得长久

若你经常兴致勃勃地同时动笔撰写好几篇故事或文章，然后便失去兴致或信心，半途而废，这可能是因为作品缺少你真心在意的中心思想。你必须将自己认定真实或正确的信念灌注在作品中。整篇故事或文章的核心，应是你最热烈拥护的观念。

这些观念就像亘古真理，而非人类编造出来的，不论文化和时空背景为何都无可置疑。你的任务就是告诉我们这些真理，当然不能只用一个句子或段落来述说，因为真理并不只是印在汽车保险杠贴纸上的一句格言。也许某句俏皮话或政客演讲的金句，会在短暂的一刻显现真知灼见，但要以区

区数语捕捉日常生活的朴素真理，并非我们能力所及。你不能只在作品里放一段通达透彻的警句，而应该用整部作品传达真理。因此，你的文章或故事需要发展和层次。我们面对的是不可言喻的奥秘——我们处于已知和未知之间，试图在写作的过程中拉近两端，以厘清事实的来龙去脉。这就是我们可能得用一整本书的篇幅述说真理的原因。

我并不是暗示我们该成为那种通过故事说教或传递信息的作家。（若我们只想传递信息，大可按照塞缪尔·高德温所言，“去发电报就好了”。）如果我们在道德上坚信某些事情，确信自己是对的，那么就算心知自己有多常犯错，我们也必须将它说出来。举个例子，我以前常认为双的反面是单，爱的反面是恨，对的反面是错，但如今，我觉得我们之所以接受这套概念，是因为有时相信非黑即白要比面对残酷的现实容易得多。我现在认为，没有任何情感是爱的反面，现实复杂得毫不留情。

若你跟我有点像，那么在动笔时，你可能也会想将整页纸都写满珠玑隽语和精妙见解，好让所有人都看到你有多聪慧敏锐。经过一段时间，当你已习惯每天固定写一点东西后，你可能就会自然而然地想让笔下的角色表现出喜怒哀乐、爱恨嗔痴等人性的激情。这些描述大多数并不涉及机智隽语和精辟见解，但它们最好隐含道德寓意，毕竟大多数出色的创作，目的似乎都是借由某种道德寓意揭露我们的本质。法国老牌影星让娜·莫罗主演了电影《避暑小屋》，片中我最喜欢的一段，是她在厨房里宣称世上每个人都有伤心事。屋主嗤之以鼻，逼问她我们的伤心事是什么，她甩了甩亮红色的头发说："孤独如狂风般近乎永恒地呼啸。"当那孤独的狂风在我们身后威吓、怒吼着，身为个人或群体一分子的我们会做何反应？我们会保持文明得体，努力争取尊严与同情，还是会只顾自己？

我们从降生的第一天开始，便会逐渐发现哪些事物有益、哪些事物有害，而我们笔下的角色则会将这个过程戏剧化地呈现出来。这是道德题材。"道德"一词常让人产生负面联想，例如原教旨主义者、冥顽不灵的神职人员、自以为是……我们必须抛开这些。如果促使你写作的是某个你深信不疑的理念，它不仅能避免你过度雕琢文字，也能帮你找出角色的动机为何。你也许会发现角色的外在表象之下，藏着一个真正的好人，一个身为一般读者的我们会欣赏并乐于与之为伴的人。我们会偏爱某些角色，因为他们和善或正直：从他们身上，我们可以看见存在于人世间的善良正派，这一特质使得他们甘愿为别人冒险或牺牲。他们让我们看到，这世上依然存在着有效的道德准则，只要我们愿意，就能遵照它的指引处事待人。

在阅读优秀的小说时，我们既会关注英雄和好人，也会被坏蛋吸引，因为他们可能更有意思。情节引领所有这些角色及读者进入黑暗的树林，在那里，我们排除万难，终于找到一个人，他手中的指南针竟依然指着正确的方向。这是令人惊叹的奇迹。这道光芒有时可能很微弱，既突显又驱散了黑暗。

不妨将中世纪的道德剧当成一种研究范本。我们乐于看到美德战胜邪恶，脆弱易碎的珍贵之物（人性、生命）终将获得解救。在类型化小说里，恶人不断得逞，直到结尾好人排除万难，赢得胜利以及美女的一吻。现代社会比中世纪复杂得多，但很多方面依然类似：暴力、威胁、混乱、疾病、谋杀和偷盗依然在轮番上演。因此最令人宽慰的，是知道我们内心仍存有纯善的一面，不仅尚未被污染和破坏，也能受到感化。当一个普普通通的角色，一个和善却又自私的人，发现自己在某处仍能发挥埋藏内心深处的勇气和善心时，我们也能看到自己长久渴望的特质，这能帮助读者与角色和故事产生联结，会让他们把一本书推荐给朋友，记得它，希望它陪伴自己一辈子。

拥有热忱拥护的信念，写作者才能推动故事前进

你必须相信自己的立场，否则便无力推动你的故事。如果连你都不相信自己说的话，就没必要白费工夫，干脆停笔去打保龄球算了。若你真的很在乎某件事，比方说，如果你是个非常积极的环保人士，向来致力于保护风景和大自然，这个信念便会在你为目标奋战时，支持你继续前进。

要成为一个优秀的作家，你不只需要多写，也需要有衷心相信的东西。你并不一定要具备多么复杂的道德哲学观，但我想作家总会试图提供某种解决问题的答案，去了解一点点人生，把心得传递下去。即使冷酷理智如塞缪尔·贝克特，也会通过剧作中那些身处垃圾桶中或陷在沙中的疯子，通过描写他们整日翻包、赞叹包中每一件物品的生存状态，让我们深入思考并理解人生的真理，明白哪些事物对我们有帮助。他说对了——我们从一出生便开始步向死亡，而这颗星球有时也像月球般冰冷、不宜居住，但他知道怎么让这一切显得有趣可笑。他对我们露出高深莫测的、最动人的微笑，完全改变了我们看待人生的方式。几样渺小的事物突然变得清晰，变得可以依靠，使我们感到自己多少找到了人生的答案。（但对于“答案”这个词，我们的感受可能与“道德”类似。“答案”听起来是如此肯定，但我们已经对很多事不再那么肯定了。或许我们唯一能做的，是让人生剩下的篇幅充满亲切感和幽默。）

我们不妨以某个僧人为例，他说：“我真正的信仰是慈悲。”这是一种伟大的道德观，能使人在面对磨难时保持开阔的心胸。不幸的是，光靠这么一句话无法成就伟大的文学。你必须添枝加叶，否则你写出来的书里就会只有一个句子，你未来的经纪人恐怕不会认定你是文坛新星。

你想阐述的信念不应该只是一个信息，而应该是你内心热忱拥护的观点。我们每天的人生都处于危机中，同时也面对着未知的一切，因此除非你有重要又具有建设性的意见要说，你没必要找个听众，要求他给你关注。我的朋友卡本特说，人类不再需要“四眼天鸡”[1]告诉我们天快塌了，因为天已经塌了，如今的重点是如何互相帮助。我们想知道你能否提供一丝光明，若你能逗我们笑，我们会更加关注你。对我们当中的一些人来说，好书和优美的文笔最能安抚人心，比精致的美食还有效，因此请书写那些对你来说最重要的事物。

对大部分人来说，最重要的是生、死、爱、性，对另外一些人来说，则是上帝和环保。也许你最在意的是如何快速高效地清理肠胃，例如喝下一杯奶泡咖啡，这也无妨，但我们不希望你写它。我们内心深处会认为你只是在神化自己的歇斯底里症，就像数百万人在教堂和节日庆典上所做的那样。

不如描写自由，值得奋力争取的自由。它会启蒙并丰满你的故事角色，无论他们有多么不讨喜。你必须尊重角色的特质，因为正是这些特质塑造了他们。你衷心拥护的信念并非一句口号或一场白日梦，它不是来自外界或上帝，而是源自角色的内心，在其中成长茁壮。述说真相、描写自由，并尽一切努力为它奋战，你将会得到丰厚的奖赏。正如专栏作家莫莉·艾文斯所言，自由的斗士不见得总是获胜，但他们永远是正确的。

---

1 四眼天鸡：迪士尼同名动画片中的角色，曾被树上的橡果砸到，以为那是天空的碎片，慌张地告诉所有人天快塌了。

16. 相信你的直觉，聆听你的花椰菜

只靠理性来写作，你的下场会很凄惨

在喜剧脱口秀录音带《两千岁老人》的 B 面，梅尔·布鲁克斯讲了一个笑话。心理医生告诉他的病人：“聆听你的花椰菜，它会告诉你该如何吃它。”当我第一次告诉学生这句话时，他们看着我的表情，仿佛认为我出了什么大问题。但它在写作和现实生活中都很重要。

这句话当然意味着，当你不知该怎么办，不知道你的故事角色是否将会做某件事时，不妨静下心，试着去聆听内心那个依然微弱的声音，它将告诉你该怎么做。问题是，我们许多人从小就不碰“花椰菜”了。我们小时候听从自己的直

觉，跑去告诉大人我们相信的事，结果通常会被纠正、嘲笑，或是遭到处罚。大人不准你有自己的意见或感受，他们宁愿你有头虱。如果你天真地问："为何妈妈在浴室里哭？"大人可能会告诉你："妈妈并没有哭，妈妈只是过敏了。"你若问："为何爸爸昨晚没回家？"大人可能会故作轻松地回答："爸爸昨晚回家了啊，只是今天一早又出去了。"于是你点点头，即使知道那都是骗人的，但讨得大人的欢心很重要。除了他们，没有人会照顾你。若你坚持要打破砂锅问到底，大人很可能会罚你不准吃晚餐，回房间闭门思过，或者把你的双脚捆起来，扔在加油站附近的山坡上。这导致每当有个声音清楚地告诉你真正发生了什么时，你会习惯去怀疑它的真实性。重新找回你的直觉非常重要。

若想写得好，你便需要你的"花椰菜"。否则你每天在书桌前坐下时，就只剩下理性指引你。若刚巧那天过得很惨，你可能连半小时都撑不下去。你会停笔，甚至起身离开，这是最糟糕的，因为我们大多数人都知道，只要我们在桌前坐得足够久，那无论过程如何，最后都可能得到令自己惊喜的成果。假设现在是上午九点十五分，时间还早，如果你坚持下去，或许某个意象或情景便会浮现，帮你带出一个角色，之后，你就只需让出一条路，让角色走向前开口说话。他可能会说出重要信息，甚至是对他而言最重要的事，你的故事情节便会由此豁然开朗。你也许会就此明白该如何带领这个角色从顺境进入困境再重回顺境，诸如此类。然而如果你放弃了，满怀挫折、恐惧与绝望，第二天将会更难面对，因为今天你只在桌前待了十五分钟。还记得电影《狼城脂粉侠》中的那个场景吗？醉醺醺的李·马文从不省人事转为咆哮，接着是得意、大笑、哭泣，然后晕过去。围观者中的一名男子佩服地看着他说："我从没见过一个人这么快过完一天。"别让自己变成这样。

信任你的直觉，放开来写就对了！

信任自己、坚持维护自己的内心，便能找回直觉和信心。你必须相信自己，尤其在经常陷入自我怀疑和焦虑的初稿撰写阶段，你必须完全放任自己的想象和回忆随处游荡、跋山涉水、纵情奔驰。不妨信任直觉，无须动不动就察看自己的双脚是否踏对了舞步。放开来跳就对了。

只要你为直觉腾出空间，不再任理性喋喋不休，便能找回它。理性并不能供应你写作需要的养分。我们的文化极其重视理性，因此你认为它能为你提供真相，但事实并非如此。理性会把太多丰富、新鲜、奇妙的点子排除掉。

有时你需要将直觉哄出来，因为它有点害羞。但只要你试着不逼迫它，它通常会从心灵深处或潜意识里飘出来，化为闪烁的小火花。过度的逼迫和关切会毁了直觉，温和的专注则会让它静静地保持燃烧。

因此不妨试着静下心，保持安静，深呼吸并聆听。观看你脑中的屏幕，若你仔细瞧，将会发现你一直追寻的东西，例如故事的细节和它的走向——它们或许不见得在此刻出现，但终究会出现。如果你不再尝试过度掌控你的心，便能直观地感受到有关角色的一切。停止掌控并不容易，但你绝对做得到。如果你的角色突然从口袋里掏出吃了一半的胡萝卜，不妨任由她去，稍后再自问这是否像她会做的事。训练自己聆听内心那个微弱的声音。大多数人的直觉常会被老生常谈和俗话谚语掩藏。我们都有灵光一闪的时刻，接着便想到某句老话俗语，将那点灵光冲刷殆尽。直觉真实、成熟，充满可能性；而老生常谈绝对是陈词滥调，没有发展的空间。

不妨将你想到和感受到的东西视为珍贵之物，不加思索地写下来。但要注意，若你的直觉说故事烂透了，最好先确认一下这是否真的是你的直觉，而不是你妈妈的。你突然灵光一闪，“我要让这个角色穿紫色鲨鱼皮外套”，接着耳边却响起老妈忧心忡忡的声音，“不对，不对，应该让他穿上得体一点的衣服”。若听从老妈的话，你和你的读者很快就会昏昏欲睡。直觉会以更奔放、更自然的方式引领你的故事向前奔驰。它可能会让你看到树丛后蹦出来的究竟是什么。你不会总是听见一个清楚的声音，兴奋地喘着气说："啊哈！紫色鲨鱼皮外套！没错！"你通常只会听见呢喃的低语。它也许听起来像是汇成潺潺溪流的众多声音中的一个，或者它经过了易容改装，偷偷摸摸地从角落爬出来，若你拿太亮的光线对准它，它就会爬回去，消失无踪。

先为直觉取个好笑的绰号，比如"花椰菜"

我认为学习仰赖直觉的一个重要步骤，是为它取个简便的代称。"花椰菜"这个代称就很好笑，对我相当有效。一个朋友告诉我，他把自己的直觉想成宠物。"我的宠物想到了这个。"他会说，或者"我的宠物痛恨那个"。不过无论你出于需要为直觉取了哪种名字，都不要尝试掌控它。若你在森林里迷了路，就让你的马去找回家的路。你必须停止主导，否则只会碍事。

写作是一种自我催眠的过程：你相信自己，写出故事，然后清醒过来，客观审视成品。当中会有许多错误和必须补充、删除的地方，但没关系，只要是人，难免会做出错误的决定。我的朋友泰瑞说，当你需要为作品或其他事情做决定，却不知道如何是好时，不如就干脆随便选一样去做，反正最坏的状况也不过是犯下了严重的错误。所以，先别管情节是否正确合理，不妨任由你的角色做出选择，回到她那个阴阳怪气的可恶丈夫身边。那或许是正确的决定，也或许不是，若不是就回头再试试其他选择。我们当中有些人常会认为，自己所做的每一件事、所说的每一句话、所写的每一个字，都重要得不得了，但其实不然。若你不知何去何从，就尽量把情况简化。倾听你的“花椰菜”，或许它知道该怎么做。

如果你真心诚意地工作了好几个小时，却始终无法听到直觉的声音，那就去吃个午餐吧。

17.

切断脑内吵翻天的电台

我得在此谈谈你脑中那个吵翻天的电台。对写作者来说，它可能是阻挠你聆听“花椰菜”的最大障碍。我保证只提及它这一次。

自我膨胀、自我怀疑、自我厌恶……
无休无止的脑内噪声会让你听不见故事角色在说话

若你不多加提防，电台就会在你脑中二十四小时不间断播放。你的右耳会不断充斥着自我膨胀的声音，叨叨复诵你有多与众不同、心胸开阔、才华横溢、聪明、博学、谦逊，却怀才不遇。你的左耳边则会反复响起自我厌恶的饶舌歌，细数你没做好的事，你在今天、在这一生中犯过的所有错误，你的疑虑。它责怪每件事只要有你插手就会变糟，埋怨你没把感情关系处理好，是个彻头彻尾的骗子，没有能力付出无条件的爱，缺乏天分或见地，诸如此类。在你设法写出点东西时，电台可能还会播放魔音穿脑的重金属音乐。你必须清除脑中这些喧闹的噪声，才能听见你的角色在说话，让他们引导故事情节。

除了服用百忧解或切除前脑叶白质，清除脑中噪声最好的办法，是先确认电台开关是否开着。我每天早上一坐在书桌前，吵翻天的电台便开启了。所以我会静坐一会儿，做个简短的祷告，默念："请帮助我摆脱纠缠，这样我才能写出想写的东西。"有时这类小仪式可以驱散喧嚣。还有很多可能对你有效的方法，例如点支蜡烛、使用鼠尾草熏香。小仪式是提醒潜意识起床开工的有效信号。

你或许也会考虑尝试调整呼吸。我时常会忘记这么做，通常也不太喜欢和谈论呼吸疗法的人混在一起，我担心他们会没完没了地讨论芳香治疗。但是，深呼吸的确能产生一些效果，因为当你试着将注意力放在呼吸上时，心就会相对平静下来。

于是，你早上九点钟坐在书桌前，完成了简短的祷告和小仪式，接着缓缓深呼吸了一会儿，试着将注意力集中于你的故事角色，却发现自己的思绪开始飘离。通常你会发现自己在琢磨那些真的很棒的作家是如何写作的，他们为何写得比你好这么多，以作家的身份做客《大卫·莱特曼脱口秀》会是什么景象，主持人会在现场怎么讽刺你，还是会对你讲的所有笑话报以大笑，把你当作最要好的新朋友？你会琢磨午餐要吃什么，若你的头发着了火，或有人（例如一位评论家）拿锥子刺你的双眼会是什么感觉。别担心，平和地把你的思绪带回到写作上。

举个例子，你的角色正和他长大成人的儿子坐在棕黄色山坡上的一棵柏树下，以最为酸楚的口吻提起他一生中少数的狂喜时刻，你准备在这天早上跟随他的思绪倾听，你可能还会发现其中一些时刻的详情。一分钟后，你循着那个角色的回忆，看到他不久前在某座后院的草坪上和一个较年轻的嬉皮士打乒乓球，他们不是在比赛，只是打着玩。你试着将这幅情景写下来，才写了两句，你就开始担心自己会落入一贫如洗、以车为家的窘境，接着你妈妈打电话来，雀跃地告诉你，某个你八年级时欺负过你的家伙遇上了很棒的事。你挂掉电话，感觉脑袋就像被注射了咖啡因般兴奋过度，可能需要再花一分钟让心绪重新回到后院草坪的那一幕。你闭上双眼，深呼吸，重新再来。

屏蔽脑内电台的唯一方法：深呼吸，静下心，从头开始

很抱歉，我真希望会有一种更迅速、更巧妙的解决方式，但深呼吸似乎是唯一的办法。相信我，我也痛恨自然疗愈，实在不得已时才会尝试。两天前的晚上，我喉咙肿痛、呼吸困难，感觉像得了气管癌，但我还是去上课了。刚好那班学生中有两个人是医生，其中一个人试图说服我：我不可能得了气管癌，这只不过是仲秋时节的流感，很多人都有类似症状。另一个人建议我喝非常非常热的开水。“热开水？”我说，“热开水？我理应卧床在家打神经镇痛剂、喝止咳糖浆，你却只叫我喝热开水？”我威胁要降他的级。（当然，写作研习坊并没有分级制度，所以每当我拿这件事威胁学生时，他们通常只会翻翻白眼。）下课时，那位学生为我端来一杯滚烫的开水，烫到可以用来泡茶，只不过杯中没放茶包。我喝下了，二十秒后，我的肺部和喉咙便不再疼痛。

我讨厌这种治疗方式，但平缓的深呼吸确实能帮助你进入状态，听见你笔下角色的内心活动以及故事中的人物在街上的言谈，使你免于受到脑内电台的干扰。你一进入状态，自己就会知道。

请让我给你讲一个简短的故事。去年夏天，我接到一通电话，是纽约的一位制作人打来的，她希望我两天后坐飞机过去，在纽约待一天，做客她的电视谈话节目，再坐飞机回来。我考虑了很久——大约三十秒。我当然想去，但我必须先安排好，让山姆去他的外祖父母家住一天，我还得搭飞机赶回来教第二天晚上的写作课，而唯一能让我及时赶回来的班机中途会在达拉斯－沃思堡国际机场经停。对于中途经停一事，相信我，我一点也不乐意。我将这些告知制作人后，便出门参加教会活动了。

我感觉糟透了。脑内电台在我的右耳边播放着电视谈话节目的彩排，以及随后我跟戴夫·考兹[1]、阿森尼欧·霍尔一起登场的情形；左耳边则直播着以空难为主题的节目，叙述空难经过及罹难者遗体支离破碎的景象。

我抵达教会时，成员还没到齐，不过教会长老中的四位女性——三个黑人及一个白人正聚在一起为无家可归的孩童祷告。我开口问道："我能否跟你们讨论一下一个私人问题？"

她们点点头，我便告诉她们自己对这趟航班的担忧、这趟东飞的旅程中有多少变数。她们又点点头，似乎相信耶稣和旅行社中总会有一个能让事情顺利解决。我叹了口气。委员会议在另一个房间举行，我举步维艰地走进去。我心乱如麻，被脱口秀、空难以及疯子拿冲锋枪在达拉斯－沃思堡国际机场扫射的画面包围，无法专心开会。会议结束后，我正

1　戴夫·考兹：《阿森尼欧·霍尔脱口秀》的固定来宾。

准备离开，一本小小的祈祷书吸引了我的注意。我将它拿起来放进皮包，打算晚餐时看，下星期天再归还。

在前去吃晚餐的路上，我一直担心会发生车祸，这样人们便会在我身边发现那本祈祷书，我在世的亲人们会知道我终于崩溃，成了一个认定世界会在第二天毁灭的原教旨主义者。不过，我最后还是安全抵达了餐厅。我一坐下便打开皮包拿出那本小书，但没将它整个掏出来，而是半藏在包里，以免别人看到它的封面，仿佛它是最淫秽的黄色书刊，例如《大俏臀》之流。我在皮包内翻开它，开始阅读，那页有段很美的句子："假使一根稻草漂在湾流中，湾流会直接流过它，而不会与它对抗。"

我就长话短说吧。后来我飞去纽约，一切都很顺利。我既不用在达拉斯–沃思堡国际机场经停，也及时赶回来教课了。所以，现在我总会告诉学生湾流的启示。它带给我们、带给写作者的启示是：我们应该让自己顺着故事、潜意识、回忆、感觉，以及角色人生的流向，这样它们就会流过我们，像湾流流过稻草一样。每当脑内电台开始播放，便意味着我们正在逆流而行。因此我们应该坐在原处，深呼吸，静下心，将袖子卷起来，从头做起。

18.

嫉妒

在脑内电台播放的所有噪声中，最难压制的或许是嫉妒。无论你之前累积了多大的信心，嫉妒都是对其最直接的攻击。但若你持续写作，迟早都得面对它，因为你认识的那些最糟糕、最暴躁、最不配获得成功的写作者——换句话说，那些除了你以外的人，说不定某天就会功成名就。

这些人会成功，是因为盲从的大众并不会被心、脑、灵感、双手与纸笔的完美配合所创造出来的魔力影响，而是受到了脱口秀、电影和电视广告的左右。不过，你也许会乐于让盲从的大众如驯鹿般追随你一阵子，我们大多数人私下里都有这种渴望。但也许驯鹿们只会饱餐一顿地衣，转而追随其他真的不怎么样的作家，这些人的作品不仅登上了畅销书排行榜，改编的电影大获成功，得到了数额惊人的预付稿费，全国的杂志也会刊登他们美美的大幅照片。摄影编辑会事先帮他们把皱纹、尖牙和头上的角[1]修掉，你最为推崇的作家则会在《时代》杂志的书评中大肆赞扬他们的作品或为平装本背书。他们会买大房子，跟第一栋房子同样好甚至更好的第二栋房子。

而你会想把自己扔下楼梯，尤其当对方刚好是你的朋友时。

你的感受会难以形容地糟。你会一连几天痛恨所有人，也不相信任何事。若你的确认识一位有上述际遇的作家，他肯定会说下一次走运的就是你，正如每次你参加婚礼时，也总会听到新娘对年华渐逝的你这么说。你会发现自己竟然希望朋友遭遇小小的不幸，这样或许可以稍微抚慰你受伤的自尊——例如他的头爆炸了，或某天早上被前列腺痛醒，毕竟一个人无论多成功、多富裕，如果早上一醒来便得打电话找医师为自己指压按摩，恐怕一整天都会很难挨。你完全沉溺在这类幻想中，你感觉自己再次变回了站在糖果店橱窗旁的小孩，眼巴巴看着这个你如今非常痛恨的朋友得到了所有糖果。你相信成功带给了这位朋友太多欢乐、宁静，以及安全感，让他的日子十分快活。他将会活到一百二十岁，或者长生不老。至于好人，例如你，则快要死了。但事实并不像你所想的那样。金钱无法给予他们多大保障，他们的生活其实压力更大。他们

1 尖牙和头上长角是恶魔的标志。——编者注

也有麻烦，只不过现在他们的麻烦需要支付更多金钱去解决。

好吧，你说，我宁愿面对那种压力，宁愿有那种麻烦。

但你真的想那样吗？

对，我真的想。

不过这世上一些最成功的人，刚好也是我们所知最寂寞、最悲惨、最神经质、最卑鄙的人。

没错，但我不会跟他们一样。我不会迷上收集自己的新闻剪报。我不会老是把成就挂在嘴边。我不会讲出这种话："天哪，你居然认为今天的雨下得很大？我记得有一天——我想应该就是我得古根海姆奖的那天，那天的雨下得才叫大呢。"我绝不会这么做，绝不会像那些人一样。

你能这样想真是好极了，这些事都只会发生在别人身上，绝对是这样。

嫉妒是写作者最不体面的职业病之一

嫉妒是写作者的职业病，是其中最不体面的。不过，曾经满怀嫉妒的我确信，唯一有助于缓和或转移嫉妒的办法是：一、变老；二、讨论它，直到热度消退；三、把它当成写作素材。再者，总会有人让你发觉这种无端的嫉妒很可笑，然后你便能把心思拉回来。

我去年经历了一场严重的妒意发作。对象是一位跟我处得不错的朋友（或者应该说我们曾经处得不错），当时她的一本书卖得很好。感觉似乎每隔几天就会有人告诉她那本书的销量又上升了多少，以至她今后的写作生涯仿佛都会一马平川。这令我恨不得去上吊。我写得比她好。我的许多作家朋友都很成功，非常成功，但我并不嫉妒他们。我不知道为何如此，但这是事实。她成功了，我却坐在那里，一边听她在电话那头滔滔不绝最近的成果，一边祈祷我能在忍不住破口大骂前挂掉电话。我简直像个污水坑般不断渗出苦涩不满。

我深深相信，若我们能像将死之人般面对生命的每一天，便能得到解脱。将死之人能教你学会宽恕、注意周遭的一切、不为小事烦恼。因此，每当这位朋友打电话来，我便会努力要求自己原谅一切。那年夏天，我时常跟一个来自南方的女子见面，她总是动不动就说："那不是很棒吗？"只不过她的南方口音让"棒"听起来像"夯"。于是，每当我的朋友打电话来，以美国小姐竞选者那种故作谦虚又有点高高在上的语气报告她最新的好消息时，我都会说："那不是很夯吗？那不是很夯吗？"

她会说："你真的很支持我。我的一些朋友就不太能接受。"

我会说："我怎么会不支持你？实在太夯了。"

尽管我总是想问："可以告诉我你那些朋友的名字和电

话吗？”

有时我会挂断电话，大哭一场。过了一阵子，我开始寻求专业人士的帮助。

有人向我提起作家简·里斯的一句话：“每个写作者都是一条小河，流进同一个大湖，只要其中一人得了好处，大家也共蒙其利；我们共享着别人的成功与赞誉。”我则回答他：“你是一个有很多、很多怨愤的人。”

先处理好被剥夺感才能克服嫉妒，吃百忧解是没用的

我的心理医生说嫉妒是一种次生情绪，当一个人感到被排除在外、被剥夺了什么时，嫉妒便油然而生。若我先好好处理那些存在已久的情绪，便有可能克服嫉妒。我企图要她给我开百忧解，但她说，那个作家朋友出现在我的人生中，是为了帮助我治愈过去，将我带离持续一生的负面感受，包括认为别人的家庭比我的美满，仿佛是遵照着某种操作指南完美运行。她说我是在拿自己的内在跟他人的外在表现做比较，我应该去直面、去感受自己的情绪。我照做了，这些情绪很糟。

我的朋友，那个让我如此嫉妒的作家会打电话给我，像个做作的南方美女般说道：“我只是不明白为何上帝今年赐予了我这么多钱。”而我会暗自深吸一口气，然后回答：“那不是很夯吗？”我从没觉得自己这么失败。

我给我认识的一位很有智慧的作家打电话，他在戒酒互助会工作多年，几乎半生的时间都在帮他人戒酒。我问他，当他面对一个新加入的成员，而对方正遭受着神智紊乱，或假设说嫉妒的折磨时，他会怎么劝解。

“我会听他说话。”他说，“他们都会告诉我漫长、自大、错综复杂得难以置信的故事，而我会回答以下三句话中的一句：‘嗯哼。’‘嗯。’‘太糟了。’”我听了大笑，然后告诉他我那位获得成功的可怕朋友。他沉默了一会儿，说：“嗯哼。”

我还找到了一位略微有点超重的同性恋神父朋友，问他：“你会嫉妒吗？”

他回答：“每当看见跟我同龄、身材很好的男人，我都会有矛盾的感觉，一方面渴望跟他们一样苗条，一方面又想亲近他们，这是嫉妒还是欣赏？”

我实在很难找到一个能消除我的嫉妒，或将它转化为其他情绪的人。我觉得自己像童话故事里坏心肠的继姐。我找另一个朋友谈，她为我念了一句拉科塔族印第安人的名言：“有时我会自怜，但我始终在乘着大风飞越天际。”真美，我说，但我的心病如此严重。

不过，这句话成了我消除妒意的开端，它将禁锢我的囚室墙壁凿出了第一道小裂缝。我一直期待上帝对我伸出手，用魔杖点我一下，那样我就会像出故障的烤面包机般一下子恢复正常。但问题并不会以这种方式解决，而必须靠我自己每天慢慢地取得进展。

找回幽默感，把可悲的嫉妒变得好笑

另一份帮助来自周日刊登在《纽约时报书评》上的一首诗:《我死对头的一本书被廉价出售了》，作者是克莱夫·詹姆斯。“死对头的一本书被廉价出售了,”诗的开头这样写道,“我很高兴。”它带来的帮助简直难以用笔墨形容。噢，知道有人跟我一样满怀嫉妒又可悲，却能让这些坏情绪显得好笑，实在是天赐的安慰。我打电话给每一个我求助过的人，请他们读读这首诗。每个人都拍案叫绝，对其深表认同。

我的朋友茱蒂也对我说了帮助颇大的话。她告诉我，我总是想根除嫉妒心和竞争欲，但重点其实在于不要让这些情绪加重我的自我厌恶。她说，我只有疯了才会为那个作家高兴。我成长在一个鼓吹竞争、永不知足、追求百万年薪的社会中，却又因为自己渴望成功，或是嫉妒和害怕成功永远只降临在别人头上而羞愧。我只是依照从小被灌输的观念行事而已。

于是，我开始找回自己的幽默感。我开始告诉自己，若想知道上帝对金钱的看法如何，不妨看看他将金钱赐给了什么人。这念头让我无比振奋，哪怕我发现最亲密的朋友们都很有钱。我告诉自己，以史为鉴，当一个人太快成功，没过多久就会遭逢希腊悲剧式的祸事。我非但没有太快成功，甚至一直都很不成功，这反而让我处于较有利的位置。我不会变成古希腊悲剧中傲慢自大的女主角，落得和她们一样的下场，这点是不容忽视的。我的神经已经疲惫不堪，最不需要的就是雷电和无声尖叫的突袭，以及怪物、毒牙、狂风野火吞噬森林的灾难。我的意思是，谁说我非要功成名就不可啊？

以嫉妒为素材写作，我才发现自己的嫉妒出奇地美丽

接下来，我以自己的嫉妒为素材，开始写作。我应该深入内心阴冷的角落，看看那里有什么，窥视人类共有的天性。有时，人类的天性无耻又可悲——嫉妒尤其如此，但你最好去感觉它、谈论它、处理它，而不是被它无声无息地毒害一辈子。

在让自己的情绪有如横渡英吉利海峡、经历了又冷又可怕的几星期后，如今的我似乎终于上了岸。我在电视上看到一部纪录片，主人公是一对罹患艾滋病的同性情侣。刹那间，我之前领悟到的种种就像拼图般完美地嵌合在一起了。

纪录片用很多镜头拍摄了饱受艾滋病蹂躏、常人避之唯恐不及的躯体。其中一人瘦削的背部布满紫色的卡波西氏肉瘤。然而，一旦身为观看者的你感受到他内在的灵魂，便能看出这个病人的美。你能看到一个人如何秉持着惊人的毅力，优雅地面对恐惧、直视深渊，看到盘踞在自己体内的疾病甚至妒忌，尽全力去处理它。这具饱受蹂躏的躯体，以及受伤的心灵，可以也应该得到尽可能温柔的关照。

我越是描写嫉妒、越常想到这部纪录片，就越气那个作家朋友老是跟我提到她的钱，因为她明明知道那年夏天山姆和我几乎一穷二白。我持续书写我的童年：当时我多么渴望得到其他女孩拥有的东西和其他家庭看似美满的生活。我将希勒尔的名言贴在书桌前的墙上："我起床。我行走。我跌倒。同时，我一直在跳舞。"而我通过写作跳舞。于是，我写下自己如何尝试更加留意这个世界，试着别把一切看得太认真，将脚步放得更慢，也更常外出看看。我的文字变得更有趣，也对我自己、对那位作家朋友流露出了体谅之情。那时，我终于能够尽量心平气和地告诉她，我们的友谊需要一段喘息的时间。人生真的很短暂。最后，我发觉我的嫉妒竟出奇地美丽，就像纪录片里的那对情侣，跳着自我蜕变的舞，如同老迈的长腿水鸟。

PART 3

第三部分

Help Along the Way

一路帮助你

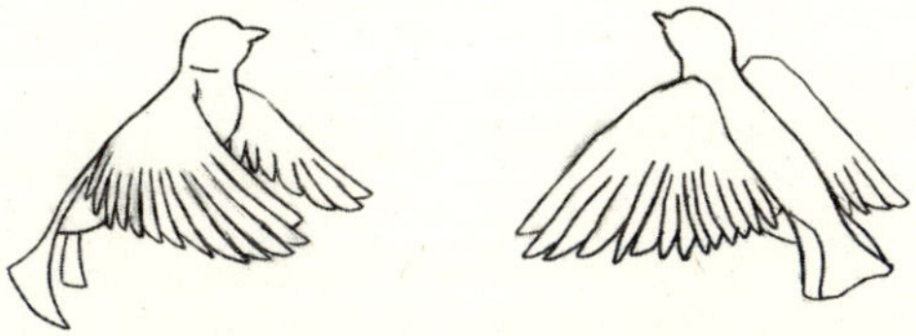

随时笔记索引卡

19.

我喜欢想象亨利·詹姆斯一边说着他的经典名句“作家是一种不会丢失任何东西的人”，一边寻找自己的眼镜，而眼镜其实正挂在他头顶上。平日我们有这么多事要记，因此常会列清单，满心期盼它们能提醒我们想起所有该办的重要事情、该买的重要物品、该寄的重要邮件、该打的重要电话，以及我们关于小说或文章的任何点子。但当你忙着处理一张单子上的事务时，就会忘记其他单子。不过，我仍然相信列清单和做笔记是有用的，也相信在索引卡上兼做这两件事是可行的。

随身携带索引卡，不要指望自己能记得所有事情！

我家里到处都有索引卡和笔，无论是床边、浴室、厨房、电话旁边，还是车里的置物柜中。我遛狗时也会放一张卡在后裤兜里。事实上，我会把卡片对折放在口袋里，因为这不会让我的臀部看起来很大。虽然我对你一无所知，但我敢说你脑袋里多的是办法，根本不必为索引卡会让自己看起来太胖而烦心。当我不带皮包出门时（我的皮包里除了笔记本，当然还有索引卡），我便将索引卡对折，跟笔一起放在后裤兜，放心出门，若是我想到一个点子，看到某个美丽、奇特，或基于任何原因值得被记住的事物，我便能马上写下几个字来提醒自己。有时，若是碰巧听到、想到一段适合拿来做对话或转折的明确内容，我就会逐字记下，再将卡片放回口袋。当我在盐沼散步、在凤凰湖边游玩、在超市的现金结账柜台排队时，可能会突然听到旁人聊到一件趣事，令我忍不住微笑或弹手指（像灵机一动般），我就会拿出索引卡将它快速记下来。

我现在手边就有一张索引卡，上面潦草地写着，“帕米，黛米·摩尔”。这寥寥几字令我想起去年帕米过世六个月前某天的情景。

那天我们走出屋子来到她的花园。天空晴朗无云，草木青翠，花朵盛开。她戴着薰衣草色小棉帽，状态还不错，只是生命快走到尽头了。（我父亲的肿瘤医生有次对他肯定地说：你是一个非常非常健康的五十五岁男人，只不过你得了脑瘤。）我们身穿短裤和T恤躺在躺椅上，一边吃着小根的万圣节巧克力棒。帕米两岁大的女儿瑞贝卡则坐在红色的小推车里，让山姆拉着绕花园玩。

“我有点沮丧。”帕米说。不久前的一天，她说只要想到瑞贝卡便会非常非常沮丧，但想到瑞贝卡同样也会让她非常非常快活。“其实我不只是有点沮丧。”她说。

“我不明白为什么。”

“现在哪还有什么好事呢？我好像一点也想不起来。”

“好事就是你不用看到黛米·摩尔的怀孕裸照了。”

她以真心惊异的表情望了我一会儿。“老天，”她说，“这可是件大事——我之前根本就没想到。”接下来的一整天，她又恢复了原本的风趣，愉快地跟我和小孩待在一起。

你大概会认为，这一幕如此难得，我肯定会永生难忘。我过去常常认为，如果某件事真的很重要，我就会如所有正常人一样把它记在脑子里，回到家后再写在笔记本上。

但我没有。

实际状况是，我回到家时，往往会记起当天早些时候我曾想到或听到某个完美的意象和句子，它们能将我的故事角色从山丘老屋里的宴会带到他们跳槽上班的第一天、他们儿时的玩具屋，或者他们认为自己接下来该去的任何地方。我会站在原地，试图捕捉那个意象或句子，就像尝试回想一个梦境，你感觉自己瞥见它了，也知道它就快从内心深处浮出来了，却再也无法抓到它。那个意象已经消失无踪。这是我所能想到最糟糕的感觉之一：你脑中曾闪现出一段奇妙的情景、一个句子、一个领悟、一段幻想，你明知自己拥有，接着却把它搞丢了。所以，我现在会使用索引卡。

索引卡能带你脱离灵感枯竭，挤出一个又一个该死的字

在你准备好动笔时，可能发生的状况之一，是你开始用作家的方式思考，将一切视为素材。有时，你坐下来或踱步时，会不住思考作品的某个部分、某一幕场景，或正在描写的一个角色的大致面貌，抑或脑袋完全卡住、垂头丧气，心想自己为什么不干脆去厨房用猫食盆痛饮琴酒。接着，你脑中突然不知从哪里冒出了一个想法或意象。有些意象会像可爱的鲜橘色金鱼般轻巧地游进你的脑袋，于是你追随它们，有如一个刚刚在水族馆大鱼缸里发现了鱼的小孩。有些意象则像《杀死一只知更鸟》中神秘的布·莱德利，会悄悄从阴影里现身，令你不由得暂停呼吸或倒退一步。这些不请自来的想法通常如此清晰鲜明，似乎很难令人忘怀，但我建议你还是先把它们写下来。

我有好几个作家朋友从不记笔记，他们说，与其像在上课一般记笔记，还不如好好倾听。我想若你拥有那种头脑，能把所有要紧的创意牢牢记住——也就是说，若你的脑筋仍能正常运转的话，那么你很幸运，请不要讶异于我们对你的嫉妒和白眼。的确有位作家朋友（我想我应该很快就会把他从好友列表中删除）不久前告诉我，假使你一回到家就把某个点子忘得一干二净，那就表示它并不重要。当时我听到这番话，觉得自己仿佛又回到了八岁：我有一件重要的事想说，它却突然像兔子般一跃跳进我脑中的某个小洞，消失无踪，身边的大人则傲慢地说："好啦！那一定不是什么了不得的事。"

所以，你必须确认自己是否还想体验这种失语的感觉。你也许记性很好，仍能牢牢记得三小时前爬山或在牙医诊室等待时想到的点子，但也可能已忘得一干二净。所以若做笔记能帮助你记忆，不妨去做。这不算作弊，也跟你的品格无关。若你的记忆有一点点混乱，或许只能说明你稍微有些不在状态。原因可能是年轻时嗑的药，或是二十年来每天吸食的大麻，也可能因为你生过小孩。生产时，小孩的拳头会紧抓着你五分之一的脑袋，把它一起带出身体，就像有的小孩出生时拳头紧抓着子宫内避孕环。无论原因为何，容许自己做笔记是件好事。

我处理索引卡的方式谈不上有效率或有条理。一些爱挑刺儿的学生会逼问我如何处理全部的索引卡。我只能回答他们，我会随身携带索引卡，在上面做笔记。把我想到的一切记下来，我就有百分之五十的概率能成功把卡片内容归入脑中的记忆库。若我正在写一本书或一篇文章，之前也已在索引卡上写了些笔记，我便会把卡片钉在其中一页草稿上，提醒自己记在卡片上的想法或意象能为此页内容注入活力。或者，我会将索引卡跟我正在写的某个特定章节或某篇文章一起堆在书桌上，方便查看。当我思绪打结或迷失，抑或脑中开始响起隆隆的丛林鼓声，宣告战舞即将开始，而我根本不知道自己在干吗，灵感一片枯竭时，我便会翻阅索引卡，看看之前是否曾写下只言片语，能把我重新拉回来，给我一点点自信，帮助我写出一个又一个该死的字——不妨承认吧，那些字都是千辛万苦挤出来的。

柠檬水索引卡：一段极其辛酸的回忆

我的书桌上有很多索引卡，记录了我每个星期想到、看到、记起，或无意间听到的事情；也有几年前写下的内容，其中一张甚至是在六七年前写的。当时我正在索萨利托和磨坊谷间的盐沼上散步。人们骑着自行车从我身侧掠过，我并没有太留意，直到突然有名妇人骑过，身上飘散出柠檬的香气，一瞬间勾起了我一段普鲁斯特式的嗅觉回忆。时间回到大约二十五年前的一个炎炎夏日，我跟姨妈和她的几个小孩，即我的表弟妹待在她家厨房里。那时我年约八岁，是所有小孩中最大的。姨妈和姨丈刚离婚，她既悲伤又忧虑。我想她是为了安慰自己受创的自尊，才出去逛街血拼，在商店花好几美元买了一台柠檬水调制机。

当然，要做柠檬水，你只需要一个大水罐、一个榨汁器，以及冰块、水、柠檬和糖就行了。对了，还需要一根长柄汤匙。但姨妈有点沮丧，她大概觉得这台柠檬水调制机是个有趣的产品，或许能稍微滋润她的人生，为她干涸的心灵注入美味、清凉、甘甜的柠檬水。这台调制机包括一个玻璃大水瓶，瓶顶附有榨汁器和一个盛柠檬汁的盒子。做法是在大水瓶里加满水、冰块和糖，将榨汁器及盛接盒装在瓶顶，把柠檬放进去榨汁，再将盛接盒里的柠檬汁倒进水瓶，拿一根长柄汤匙搅拌均匀。柠檬渣籽会留在瓶顶的榨汁器内。整个过程非常高效，但若是仔细想一想，你就会觉得这套装备太多此一举、太愚蠢了。

正因为这台调制机，我和五个表弟妹待在厨房，站在水槽边围着她，看她得意地调制柠檬水。她将冷水倒进水瓶，加入冰块和大量的糖，将瓶盖盖好，榨了好几个柠檬，再将玻璃杯从橱柜里拿出来。等等！我们几个比较大的孩子想开口大叫，你还没把榨出来的柠檬汁倒进水瓶呢。停下来！你做错了！但她只是继续拿出玻璃水杯、塑料杯，还有几个闪亮的铝杯，倒了七杯柠檬水。我们六个焦虑不安的孩子几乎停止了呼吸，只希望一切都会安然无恙，而她也不再悲伤。她举起手上的杯子，跟我们干杯，我们小口喝着自己杯中的糖水。姨妈又切又榨了那么多柠檬，满手都是柠檬香，她身上尝起来一定都是柠檬味的。我们一边无助地望着她，一边喝着糖水，像在拍软饮广告般微笑着举起杯子，再要一杯。

我在盐沼散步时，姨妈铺在厨房地板上的旧油毡地垫清晰地浮现在我眼前，那块褪色的棕色油毡上布满黑色斑点，靠近水槽处几乎已完全变成黑色，快磨破的地方则隐约露出腐朽的木头地板。还有那些表弟妹，其中几个年纪还小，跟我们几个较大的孩子围在姨妈身边，大概觉得糖水跟真正的柠檬水一样好喝。当时我感觉自己与他们是那么亲近，真正成了圈子中的一员。

这段记忆令我感触良深，那块旧油毡、姨妈的伤痛、她看着那台柠檬水调制机时的骄傲神情、我们那段时间自我安慰的方式、她想为我们调出更好喝的柠檬水的心意、我们期盼她好过一点的渴望，还有我们喝光糖水要求续杯时表现出的热切——活像慕尼黑啤酒节上的酒客，这一切都令我感到辛酸。然而二十五年来，我完全没有回忆过这段往事。

如今，我可能不会把这段记忆用在我的任何作品中，索引卡上只写着“调制柠檬水的事”，但它就像一部电影中的片段，一段有关遭逢变故的家庭勉力渡过难关的插曲。它也属于那些难能可贵的时刻——人们的心因为失望与爱而敞开的时刻。而之后往往只过了一小段艰难的时间，一切就变得多少还算不错。

灵感总是出现在最诡异的时刻：和狗玩、付电费账单时——求求你，赶快拿笔写下来！

有时我开着车，脑中会突然出现几个句子，为我解决了某个技法上的难题。我之前可能花了整个上午的时间，反复思考如何避免采用老套的电影式表现手法，例如将日历一页页翻过去，或让时钟指针一分一秒地移动，以呈现我的故事角色度过了时间。这类电影手法难以用文字适切呈现。当你阅读别人的作品，看到作者让某一个具体的事物产生时间变化，从而让读者知道随后的情节会快速推进，这感觉很奇妙。比如季节转换、小孩开学，或胡子变长、宠物变老。然而你在撰写自己的作品时，却想不出办法来表现时间的无形流逝，光是坐在桌前苦恼地瞪着之前写下的文字，期待它会赶快想办法自己解决问题，是没有帮助的。反而是在和狗玩耍或付电费账单时，你可能会突然抬起头，感觉脑中似乎有某个或许真的很重要的灵感闪现，只是你无法精确捕捉。这就像看着重症监护室中的病人，他戴着呼吸机，如缺氧的鱼一般，一次又一次地浮到水面换气，而你认定只要一直待在对方身旁，他便会眨眨眼清醒过来——这太难了。因此，若你保留一点开放空间，可能就会有个意象翩然而至。接下来，拜托你，赶快将它写下来。

此刻我手边有张索引卡，上面写着："过了六年，生鱼块的记忆依然不断困扰着她。"我想这或许可以用来当一个很棒的过渡句，但到目前为止我都还没找到适用它的地方。如果你刚好有，欢迎采用。

我最后扔掉了很多索引卡，不是因为我已经将卡片内容用在了某部作品的某个段落里，就是因为我最后发现记下的想法其实一点也不有趣。我在三更半夜所写的索引卡通常语无伦次，有如某个聪明无比的数学系学生吸了迷幻药后在思考橘子或真理。有些卡片上写着我与学生分享的格言金句，但很不幸，我常忘了注明它们的出处，例如这句："我们即将面对的和我们曾经历过的，跟现存于我们内心的相比，都显得不重要。"嗯，我几乎可以肯定这句话是爱默生说的，但幸运的是，某位评论家曾指出它其实出自乔琪·莫斯贝奇[1]之口。"评论家总是等战斗结束才来到战场上射杀伤者。"这句话又是谁说的？我曾将它写在一张索引卡上，现在不知道放到哪儿去

1 乔琪·莫斯贝奇：贝佳斯化妆品公司总裁。

了……其他卡片则堆成一叠一叠或散置各处，跟我同居。等我死后，处理它们的任务很可能会落到我儿子身上。它们跟我的关系，就像那些独居的老女人与她们养的猫。但我的卡片可一点不臭，也不会随地便溺，所以我想山姆应该会觉得它们很容易处理。大多数卡片对他来说没有太大意义，其中不少只写了一两个字，足以令我想起整个场景和细节，但他只会猛摇着头，大惑不解。

不过，他也会发现一些日期标注于二十世纪九十年代的卡片，描述了他如何让我激动不已，让我惊奇又宽慰得连连摇头。例如这张一九九三年九月十七日的卡片：

> 晚餐后，山姆与我陪比尔和艾黛儿走到他们的车旁。那是个满天繁星的干冷夜晚。比尔抱着山姆，深吸了一口气说："空气闻起来很棒，不是吗，山姆？"山姆像闻到香喷喷的食物般也深吸了一口气，然后抬头望着天空说："它闻起来像月亮。"

如今这段记忆不会被弄丢了。我不确定以后会否把它用在作品中——事实上，我想我刚刚已经用了，总之我知道它将会永远保存下来。

另一段永远留存的记忆，是我和山姆某天凌晨在急诊室中的情景。当时山姆的哮喘第一次发作，我们俩既难过又害怕，不清楚接下来会怎么样。山姆戴着呼吸机，罩住他的嘴巴和鼻子，我则坐在他的床边，心里想，如果出门前记得随手带个小玩具就好了。于是我翻翻皮包，找到一小盒餐厅送的蜡笔和两张用过的索引卡，其中一张列了购物清单，另一张上面则是关于天空的简短描述。

我在两张卡片空白的那面各画了一个可怕的巨人，戴着面罩的山姆一脸恐惧地望着我。紧接着我在两个巨人的右手处各挖了一个小洞，拿两片医用压舌板穿过去，表演了一场激烈的击剑大战。山姆的双眼睁得大大的，露出微笑。过了好一会儿，他终于又能顺畅呼吸，医生也准许我们回家了。在我们离开前，我将巨人手上的剑拿掉，把那张列着购物清单的卡片塞进我的后裤兜，在另一张卡片的背面快速写下了这段经历。

20.

打电话找人谈谈

外面有很多人拥有极其宝贵的信息能与你分享，你唯一需要做的就是打电话。他们会很高兴，就像若有人咨询你某件你所熟知的事，你也会很乐意分享。（也许你跟我一样，会慷慨激昂地滔滔不绝。）比方说，你知道很多关于打绳结、企鹅或奶酪的事，这时碰巧有人希望你将所知的一切告诉他，这是一种美妙又难得的体验。

现实生活中，往往是有人问你问题，你却不记得答案，例如你之前去厨房拿了什么，或一七七六年七月四日发生了什么事。于是你茫然坐在原处，心想："天哪，我是知道的啊，我感觉答案已经到嘴边了，我想想——好，等等，美国宪法诞生？不对，等等，可恶，我明明知道的……"不过若你的确对某事略知一二，被他人提问便是一件乐事。

把“打电话找人聊聊”列为工作内容
——这能协助写作者放松心神、挖出新题材！

除了获得信息，我鼓励你打电话找人聊聊还有一个重要理由。若你拿起电话前正坐在电脑前写作，不妨将“打电话找人聊聊”当成那天的工作内容之一。这并不是逃避正经工作。身为写作者，你肯定会长时间独处，心智便很容易逐渐扭曲。若你的工作空间很小，脑袋就可能会像惊悚电影《卡里加利博士的小屋》中的那栋小屋般收缩、喘息。于是你开始出现精神分裂的征兆——你可能会一直盯着“精神分裂”这个词，越看越觉得不对劲，跑去翻词典却遍寻不着，便以为是自己臆想出来的词汇，接着你又注意到嘴里长了个小疮，是那种会忍不住用舌头舔的口腔溃疡，你觉得伤口似乎有碗口大，便跑去镜子前仔细察看，发现不过是个小如针尖的白点。然而，因为太久没见过外人，你立刻坚信自己一定是跟晚年的弗洛伊德一样得了口腔癌。你想到医生为了避免癌细胞侵蚀你那罹患强迫症的大脑，不得不把你的半个下巴切除，以后无论去哪里，你都必须戴着兜帽遮住整张脸，也再不会有人想亲吻你，尽管以前也没人这么做过。

我不认为这些妄想有什么错，只是它们根本无法帮助你写得更多、更顺，所以最好还是要想办法解决。若能找另一个人把你拉出长时间独处的状态，会容易得多。关于教养小孩，我绝对可以确定的一件事，就是小孩子每天都需要自制力——所以规定自己每天至少写三百字很有用。但小孩每天也需要一小段放松的时间，因此不妨考虑打电话找人聊聊，让自己放松一下。

实际状况是，你总会有这样的时刻，无论如何都再也写不下去——除非得知你成长的小镇当年的景象、波波头刚问世时的模样，或你的角色在美容学校上课的第一个星期会有什么经历。所以，不妨想想谁可能知道这方面的信息，然后打电话找他。若你找到的刚巧是一个思绪敏捷又健谈的人，便能从对方身上获得许多素材，何况跟健谈的人煲电话粥也更有意思。但思绪敏捷或健谈并不是绝对必要的，因为你可能只需要找一个特定信息，甚至一个词，并不需要全部背景或关于它的趣事笑谈。不过，结果也可能会是你原本只想问一件小事，却挖到了之前根本不可能得知的其他信息。

比方说，我在写第二本小说时，需要描写男主角带着香槟去赴他与女主角的第一次约会。他撕开瓶口的锡箔纸，我们看到了他的手：漂亮、手指细长，方形的指甲上有白色的月牙，几乎弥补了他糟糕的着装——他穿着一件黄色人造纤维衬衫。

情况对他有利，因为他带了一瓶上好的香槟，而女主角刚好喜欢饮酒。于是，他撕开锡箔，开始卸下固定香槟软木塞的铁丝。

那个铁丝拧成的玩意儿——那个小罩子让我思索了很久。因为它是铁丝做的，所以我认识的每个人都这么称呼它："亲爱的，你可以把香槟上面那个铁丝拧成的玩意儿拿掉吗？我才刚修好指甲。""噢，快看，史基皮在玩那个铁丝拧成的小玩意儿，希望它的小嘴不会被刮伤……"

但它总该有个名称吧？我的意思是，运到酒厂的纸箱上总不可能写着"五百个铁丝拧成的玩意儿"。它们一定有个正式的名称。于是我打电话给克里斯汀酒厂，酒厂的葡萄园位于加州中北部的俄罗斯河附近。我真的打了过去，但电话占线，我便坐在椅子上盯着空气，脑中回放着我无数次经过那些葡萄园的情景。我还记得那些葡萄园仿佛是世上最欣欣向荣的地方，尤其是在初秋时分：园中一片茂盛苍翠，葡萄藤上果实累累、鲜美欲滴，散发一如往昔的秋收气息，叶子则为它们半掩阳光。葡萄如此丰美圆润，令你不禁欣喜赞叹。如果你对此一点感觉也没有，或是只能想到有人会因此获利、一个月后地上便全是腐烂的果实，那说明你的大脑早就坏掉了。你需要恢复正常，让自己重新看见那些美景，看见葡萄仿佛散发出光芒，果皮上覆着如轻透白雪般薄薄的一层粉，就像是天然撒上的糖粉。

我将这些全写下来，然后再打电话到酒厂，但依然占线。我才刚挂上电话，一个朋友就打来了，想要告诉我他最近遭受的重大情感创伤，但我说：“不，不，先跟我谈谈葡萄。”我把之前写下的东西念给他听，他说：“没错，它们的确那么美，真的像在发光。自然之母希望动物被果实的美迷住，引诱它们去吃，再到其他地方排泄，让大地更肥沃。”我将这段话也写在索引卡上，感到心满意足，即使我不见得会用到它——不过我刚刚用上了。

最后电话打通了，接听的是酒厂接待员。我提出我的疑问，她说她自己向来也只是称其为“那个铁丝拧成的玩意儿”，于是她将电话转给一位大概有两百岁的僧侣，至少他的声音听起来像有两百岁了：微弱、纤细、气若游丝，仿佛一位刚参加完竞走的挪亚。

他很高兴我打电话来。他真的这么说，声音听起来也很愉快。我打心底相信他之所以能活这么久，就是为了等我打来电话。一答复完我的问题，他便会挂上电话，露出微笑倒在地上。

“啊，”我提出问题后，他回答道，“那叫铁丝罩。”

多充实的一天！我写出了一段葡萄园的描述，应该可以作为之后某段情节的发生场景。接下来我应该思考自然之母是如何完成了她的工作，并写下我的小说人物拧开铁丝、拆掉铁丝罩、砰的一声打开香槟的景象。

我无法告诉你在那本书出版后的十年间，有多少人跑来对我说，他们真高兴知道了“那个铁丝拧成的玩意儿”的正确名称。好吧，事实上我可以告诉你有多少人：三个。但那三个人似乎真心高兴困扰了自己许久的疑问得到了解答。好吧，我就老实招认：其中两个是真实读者，另一个是我老妈。我不是说我妈并非真实读者，只是每当我拿最新出版的书给她看时，她总是默默无语、泫然欲泣，你可以感觉出她想说什么：“噢，亲爱的，这真的是你亲手写的吗？”仿佛那是我亲自印在黏土上的手印——我想就很多方面来说也没错。

21. 为何要参加写作班？

别埋头苦干了，参加写作班听听别人的意见吧！

关于写作，很重要的一件事是固定每天坐下来书写，是习惯于吸收所有出现在你面前的人事物景，把它们全部视为将要送进磨坊的谷子。这或许是一种能有效安抚情绪的习惯，跟咬指甲一样。你会旁观一切在眼前发生、进行，天马行空地想象、寻思，而非杞人忧天。当你在地铁站台上看到境况潦倒的人，你会观察他们的衣着、随身携带的物品、言谈方式等所有细节，而非避之唯恐不及。或许你从没达到“啊，原来从这个角度看，枪是这副模样”的境界，但你仍会如孩童般尽可能吸收眼前的一切，而不会像大多数成人那样心怀偏见地看待世界。

经过长时间的撰写、删改、尝试新方向和新结局，等到作品终于完成时，你自然会希望得到反馈。你希望别人阅读你的创作，希望知道他们的想法。我们是群居动物，总会试图与他人建立联系、进行交流，但到目前为止，你一直独自躲在家里埋头写作。若你花了一个月的时间才画好一幅油画，你不会把它藏起来，而会把它挂在众人看得到的地方。因此，你可能也会想要参加写作班或写作研讨会。

有心写作的人在报名参加写作研习班或创意写作班时，并不确定自己能获得什么。有些人想学习写作或写得更好，有些人则已经写了很长一段时间，希望得到一点响应。这都是相当现实的目标。有一种人把写作班当成夏令营，只想结识其他人，甚至是结识到某位自己尊敬的作家，给出并收获反馈与鼓励，顺便听听别人的经历。有些人希望与他人分享失望、低潮，以及退稿信。许多人想研究别人的作品，借此了解哪种类型的创作是他们所偏爱或无法认同的。还有些人希望从朋友和编辑以外的人身上，得到实际、坦诚和有帮助的意见。

不过，许多来我的写作坊或写作班上课的人，私心希望我会对他们交上来的作品大为激赏，并在课后把他们叫到一旁，告诉他们只需要稍微加快故事结尾的节奏，比如把描述卡米和鸭子的那一段文字缩短，我就会把这些作品寄给我的经纪人或《纽约客》杂志，抑或是克诺夫出版社的总编辑索尼·梅塔。我们会将作品传真过去，索尼比较喜欢这种通信方式。

但我告诉他们，这种事很可能不会发生。

你也许不时听说有人在写作研讨会上被某位杰出作家叫到一旁，告知有多欣赏他的作品，并适时提供关键性帮助。有时我在写作坊的课堂上，也会把某个学生叫到一旁说："你这部作品写得很好，不妨再花六个月改进完善，然后打电话给我，我们再看看。"但这种情况很少发生。大多数时候，我所做的是聆听、鼓励，告诉学生我每天写作的情况如何，哪些事情对我有帮助、哪些没有。我会指出我欣赏他们作品的哪些优点，例如气氛营造得不错或遣词用句的技巧很好，也会指出他们在情节处理上的纠结混乱之处。你可以将我们（我和其他学生）视为医生，而你则是带着自己的作品来体检。我们能给你展示作品的空间以及些许善意的压力，盼望能帮助你完成作品、上完整段课程。我们能给予你相当的尊重，因为我们知道你有成功的条件。

不要侮辱、贬低别人的作品，尽可能坦诚地提出意见就好

不过我要事先警告你，你可能也会产生掉入虎口、如坐针毡的感觉。创意写作班和如今的写作研习班通常比写作研讨

会来得温和，但无论你参加的是哪一种，都可能会发现自己正跟好几个写作者围坐在桌前，而他们认为，基于道德和美感，有必要把你的作品撕成碎片。最好的状况是，他们会表示，假使你改用过去式重写，作品会更好；若你已经采用了过去式，他们便会建议你改用现在式，或尝试使用第一人称。或者，若你已经采用第一人称了，他们会建议你改用第三人称。最坏的状况是他们表示看不出你有天分，告诉你最好从此不要再写任何东西，甚至是你自己的名字。

在我参与指导的写作研讨会中，我曾遇到学生哭着来找我，因为当天讲评的名作家把他们的作品批得一文不值。我也曾看到学生因为其他参会者的严厉批评而深受打击，觉得自己参加了《蝇王》[1]式的写作研习营。例如去年夏天，我便在一场颇负盛名的大型研讨会上遇到了完全失控的状况。我跟当天的二十个学生坐在一起，听其中一个念了几页他的创作。他才开始写作没多久，作品颇具实验性，完成得不太好，而且使用了大量难懂的方言。其他学生事先已经拿到了他的作品，等他念完，大家便提出意见。他们提到自己欣赏的部分、认为他写得好的地方，以及一些处理得不错的段落。他们表示，方言的运用的确有碍理解，但故事蕴含的真诚与情感令他们感动。我觉得他们说的没错，只是稍微有点感情用事。于是，

1 《蝇王》讲述了一群从空难中幸存的孩童流落到无人荒岛后分成两派，开始互相残杀。

我也说了几句勉励的话，然后指出了少数听起来不合理的段落，推荐了一些加快节奏的技法，相当委婉地告诉他作品还需要改进。作者提出了几个具体的问题，我也给了他适当的建议。接着，一位始终没有发言的年轻女子举起了手。

“是我疯了吗？”她恳切地说，“是我的精神有问题吗？难道我是这里唯一一个觉得这部作品糟糕透顶的人吗？真的有人认为这里面有可信的角色、有意义的意象吗……”她喋喋不休，我们则出神地盯着她，仿佛被眼镜蛇催眠了。她讲的大部分是事实。

她一说完，便以热切和恳求的眼神望着我。我看着她，寻思该如何处理这个状况。大家都默不作声。

“他应该全部重写吗？”我问。

“我认为大家都是在保护他，可是如果没人跟他说真话，他就不会进步。”她哀叫道。

“但你所认为的真话只是你的个人意见。”

那篇小说的作者扫视着天花板，仿佛听见了蚊子靠近的嗡嗡声。其他人则满怀期待地看着我。我内心一方面能理解那个年轻女子的感受——把那些话说出口，她需要很大的勇气，但另一方面我又很想卸下一条桌子腿，朝她挥舞。我知道她写得比他好，因为几乎所有人都写得比他好。我试着深呼吸，提醒自己没出过书的写作者需要的是什么，以及他们参加这些写作研讨会的目的。他们需要关注，他们需要旁人尽可能坦诚的反馈，但并非侮辱或贬低。因此当我给出意见时，我主要强调了一个事实，即他尝试了非常困难的写法，冒了很大的险。我告诉他，最好的事情就是大胆尝试、不怕犯错，这样等到他年纪大了，或生命走到尽头时，就几乎可以确定自己不会说："老天！我真高兴自己很少冒险！我真高兴自己总是选择最保险的方式！"我要他继续努力，把这篇作品再写一次，然后去做其他事情。

我当着全班的面告诉那个年轻女子，她能把刚才的话说出口，实在很有勇气。后来她跑来找我，问我是否觉得她太无情。我告诉她，我认为她很坦诚，这一点绝对值得称赞，但你无须总是挥舞着真理之剑砍杀，你可以只是点到为止。

研讨会结束很久之后，我读到了比尔·霍姆的一首诗。我很想将它寄给那个作者，但没有他的地址。那首诗题为《埃布尔达瓦特顿的八月》：

我头顶上，风竭尽力气，
在过早的月份
吹下白杨树叶。
徒劳的风。你唯一的成就是奏出
逐渐优美的挫败之乐。

提醒你，有些研讨会和写作课程可能毫不留情、竞争激烈，你或许不想或尚未准备好去面对最苛刻的批评。若你的确需要反馈、鼓励、善意的压力，以及其他写作者的陪伴，不妨考虑自组一个写作社。

自组写作社，找到能支持彼此写下去的伙伴！

有几个在我课上相识的学生，组成了三四个人的小团体，在每个月的第三个星期四、最后一个星期天，或任何方便的时间聚会，至今已持续多年。由于要聚会讨论，他们必须事先写完一定数量的作品。写作这份职业的危害之一，是你可能会遇到特别糟糕的日子，而写作社能让你感到自己不是全然孤独的，还有其他人陪伴着你。当你跟其他同好谈起这些糟糕的日子时，你会记起，它们也属于写作过程的一部分，是无可避免的。

写作者在讨论自己的创作时通常会表现得非常偏执，因为没有人（包括我们自己）真的明白怎样写才算好。但若有一个得到了你的信任，同时坦诚、慷慨、不会浇你冷水的人，在你需要打气时能给他打电话，会有很大帮助。你情绪低落时，就连“未来七年内有可能被陨石砸到”的玩笑话都不想听到。在糟糕的日子里，你也不想听到太多建议。你只需要一点点同情和肯定。你需要再次感觉到别人对你有信心，而你的写作社通常能给予你这些。

该如何组建一个写作社？方法之一是参加创意写作班，找到那些你欣赏他们作品的人，询问他们是否愿意每个月聚会一次，读读彼此的作品，给予对方支持和鼓励，聊点八卦，讨论一下大致的写作心得。他们也许会拒绝你，然后你就可以打电话给杰克·凯沃尔基安[1]医生，看他是否愿意让你插个队，把你放进等待安乐死病人的名单，或者你也可以继续尝试，直到找到两三个愿意组建写作社的人。

我的一些学生会在布告栏和地方小报上刊登启事，宣布要组建成员以新人写手或想出版小说的写作者为主的写作社。他们当中有很多人最后都加入了运作良好的社团，从中获得了极大的快乐和支持。我年轻的朋友们声称，他们只是“向全宇宙宣告了信息”，便轻松组建了社团。我很喜欢这种说法，我总会想象宇宙一听到宣告，便赶忙飞快地翻查着名片盒，因为这些朋友最终组建的写作社全都人才济济。所以，谁说组建写作社太困难呢？

有四个学生在我指导的一个写作班上相识，他们组建了写作社，这三女一男的定期聚会至今已持续四年了。我常看到他们坐在书店或咖啡馆，旁边摆着一杯葡萄酒或咖啡，仔

1 杰克·凯沃尔基安：美国推行安乐死合法化的第一人，有“死亡医生”之称。——编者注

细阅读彼此的创作，给出批评和鼓励，提出疑问，一起思考接下来该怎么做。他们并没有真的交换修改彼此的稿子，这一点我们将在下一节细谈。不过，他们会静静聆听每个成员朗读作品，并支持彼此继续写下去。

有时他们会在我上写作课时突然来班里拜访，就像高三学生偶尔会跑去旁观高一的棒球校队训练。他们会为新生打气，告诉新生加入写作社有多棒、他们如何彼此关照、写作社又如何协助他们完成创作。他们从四个紧张、自负、孤单、渴望写作的人，转变成了我们周遭那种奇特而团结的小团体。他们以温和的态度对待彼此，和当初在我班上时相比，每个人看起来都不再是那么肤浅和冷漠，因为互相帮助使他们更懂得体谅。体谅之心既笨重又脆弱，它不会自我保护，不会躲起来。它会凸显出来，让人看到灵魂的脉动，有如婴儿尚未闭合的囟门。你可以从他们身上看见这种脉动。

他们四位都是优秀的写作者，但当中只有一人的作品曾被刊登出来，而且只是一篇文章。不过你知道吗，他们互相欣赏。这么多年过去了，他们依然期待每一次聚会。因为通过研讨彼此的创作，他们成了更好的写作者和更好的人。当有人想要放弃写作、脱离社团时，几乎至少会有一名成员状况良好，可以为其提供协助。至今他们都能说服彼此坚持下去。举个例子，其中一位成员，即文章曾被刊登出来的那个人，上星期打电话告诉我说她很想放弃写作，因为自从那篇文章被刊载后，她已经一连好几个月没有任何作品被采用了。她以小驴屹耳般哀怨的语调说，她认为自己现在可以喝上一杯，而不会再诱发酒瘾了，因为她已经戒了七年的酒，懂得何为节制。她认为我也可以喝上一杯，因为我也戒酒七年了。她打算开车过来载上我和山姆四处逛逛，直到找到一家有托儿服务的酒吧。

我以谅解的语气提醒她，她以前也陷入过这种创作瓶颈。去写短文，我轻声说道，去写拙劣的初稿。她哭了起来。我问她的写作社里有没有人能帮上忙。她回答没有，她不能打电话给他们，她知道他们都写得很顺，这个星期也过得很愉快。他们很可能每隔几天就背着她聚在一起，交换各自最爱的可笑八卦，全都跟她有关，边聊边不以为然地翻白眼。

我要她坐下来，写出自己的感受，或许她的孤独和偏执最后会变成绝佳的写作素材。她说她并没有偏执，只是怕她的朋友会组成小团体，聚在一起说她的坏话。

就在此时，她接到了一通电话。对方是她写作社的成员，情绪也非常沮丧。她问我是否可以晚点再打电话给我，但接下来一整天，我都没有接到她的来电。最后我打电话给她，怕她把自己关在紧闭的车库里，开着汽车引擎，播放着莱丝丽·高尔的老歌，企图吸入车内废气自杀。但实情是，那个打电话给她的人状况真的很糟，沮丧到了极点。他是一个文笔优美、有趣的作家，儿时曾遭受残酷虐待。她对他很有信心，便鼓励他，为他打气。等他们打完电话，她就立刻回去写作，一直写到被我的电话打断为止。

22.

让别人读读你的稿子

《纽约客》杂志曾刊载过一幅漫画，在热闹的鸡尾酒会上，两名男子坐在长沙发上说悄悄话。其中一个留着大胡子，应该是位作家。另一个则像普通人。那个看似作家的人对另一人说："我们之间的分歧依然很大。我要求六位数的预付版税，而他们则拒读我的手稿。"

好吧，我当然猜错过，但我敢说这家伙在企图卖出自己的书稿前，从没向其他写作者展示过自己的作品。我敢说他认为自己高明到没必要这样做。

每当我在写作研讨会上演讲，提及"请他人阅读你作品"的好处时，至少都会有一个比我更早成名的作家跑来告诉我，即使过了一万年，他们也绝不会将自己定稿前的作品拿给别人看，这不是个好主意，我不该再告诉学生这么做会有多大帮助。

而我只是像个艺伎般温顺地微笑着，故作热切地表示理解，然后继续告诉学生，不妨试着找个愿意读读你的草稿，并能提出有用建议的人。他们不见得能确切指出你的作品缺少了什么，或哪个部分不对劲，反正写作总免不了犯错和感到困惑。正确陈述一个故事的方法可能有千百种，他人或许能让你知道你的方法是否合适。

我的意思不是要你跟另一位作家一起关在小房间里并肩写作，就像在美术课上并排用马铃薯刻印章一般，或者朝对方的作品大加赞赏，仿佛看到了你家的小孩学会了写自己的名字。我的意思是，在你认识的人当中，或许有个人（可能是你的另一半，或某个亲近的朋友）愿意读读你的草稿，给出坦诚的批评，让你知道哪里写得好、哪里写得不好，告诉你哪些部分需要删减或补充，以及如何提升你的作品。

我寄出作品给编辑之前，一定会让一个朋友先看
——被朋友嫌弃，总比被编辑退稿好

二十年前，我在第一次阅读唐纳德·巴塞尔姆的短篇小说时读到了这样一句话："真相难以获得，也难以丢弃。"你几乎耗费了一辈子的时间去写一部作品，终于完成后，你将它拿

给某个人看，期盼得到对方的肯定，但他却告诉你作品还有待加强，我了解这种感觉有多痛苦。这会让你不禁质疑这个人的品格，如果他不是你的伴侣或挚友，你会考虑是否还要让他出现在你面前。在大多数状况下，我想我们的第一反应都是如此，但过了几秒钟后，你可能就会有另一个想法，即发现生命中有一个人，你欣赏他的品味（毕竟，这个人爱你和你的作品），而他会跟你说真话，帮助你坚守正道，在你迷失时帮你找到正确的方向，这简直像是一场小小的奇迹。

在把作品寄给编辑或经纪人之前，我总会将它先拿给两个朋友中的一个看。我觉得这样比较保险、比较有安全感，这两个人能帮助我将脑中的许多创意和想法付诸文字，他们就像接生婆：我脑中孕育着这些故事、想法、场景、记忆和情节，只有我才能把它们生出来，我当然可以亲力亲为，但有人帮忙会容易得多。我的一些女性朋友会选择自然顺产——不服止痛药、不打止痛针，什么都不用，私下认为这是更为正当的生产方式，但我觉得半身麻醉及西方世界的许多重大发明既然都唾手可得，何不好好利用？不过这是两回事，适用于我的，并不见得也适用于你，但我从关系亲近的人身上得到的回应，的确能给予我信心，或至少是改进的时间。你可以把这想象成出门赴宴会前，家里能先有个人帮你检查一下，确认你看起来很美，或者告诉你身上的正装让你显得有一点点胖，这种红色使你看起来有一点点像煮熟的龙虾。你乍听之下当然会大失所望，但接着就会想，幸好还没出门，还有时间换掉。

我所认识的优秀作家中，有一位会请太太阅读自己的所有作品，她会指出喜欢或不喜欢的部分，告知他原因为何。在写作过程中，她几乎是一个与他平起平坐的伙伴。我认识的另外两位作家则会互相帮忙。就如我之前提到的，我有两位朋友会帮我读草稿。其中一位是作家，不仅是我最好的朋友之一，可能也是我所认识的最神经质、心理问题最多的人。另一位则是图书馆管理员，每周会阅读两到三本书，但从没写过任何作品。我会反复在一部作品上下功夫，等感觉它差不多完成了，便寄给两位朋友当中事先同意阅读的一位。

我总是通过联邦快递寄出作品，因为我对邮政系统没什么耐性。寄出作品的第一天，若到中午还未接到朋友的来电，我就会整天竖着耳朵、来回踱步、陷入偏执，深信自己遭受了不公平的对待。我会自然而然地猜想朋友认为我的作品是垃圾，只是不敢告诉我。然后我会想到他们所有令我厌恶的缺点，我心底有多痛恨他们，难怪他们没有很多朋友，诸如此类。接着电话铃响，他们通常会说一些“我认为这会是一部佳作，真的写得很好，但其中也有几个问题”之类的话。

此刻，由于听到朋友说这会是一部佳作，我松了一口气，放开心胸接受建议。我会愉快地询问他们，哪些地方还有改进的空间。这是情况可能由安转危的时刻。他们也许会说作品前半部的节奏太慢，令他们无法投入，但到了第六或第三十八页，情节终于有了进展，他们马上就读到手不释卷了。剩下的部分他们绝对是迫不及待地读完的，只是觉得结尾可能有一点小问题，同时也好奇我是否真的了解某个角色的动机，以及我是否愿意花时间（喔，不用多，五分钟就好）重新思考这个角色。

若他们提出许多建议，我的第一反应绝不会是深感宽慰——感恩这世上有人肯对我说真话，帮助我写出能力范围内最好的作品。我的第一个想法会是："好吧，真抱歉，只是我不可能再跟你做朋友了，因为你毛病太多、个性太差，品格也不怎么样。"

有时我根本说不出话，因为我太失望了，就好像他们说山姆难看又无趣，而且被宠坏了，我应该把他送走。一般人很难接受批评。如果有一位朋友严词批评我的作品，建议我们一起将作品一页页、一行行地仔细过一遍，我通常会以尖利的声调快速反驳，告诉他那没必要，一切都很完美。但朋友总会说服我，让我跟他一起过一遍，告诉我如果继续努力，就可以把其中一些地方改得更有力、更好笑、更真实、更有趣，或更不那么沉闷，甚至已经为我想出了修改建议。讨论到最后，我会大大松口气，甚至心怀感激。

在可靠的人给了你这类反馈后，你才会对别人如何看待你的作品有具体的概念，也会比较明了该如何完成最后一稿。若你是第一次将作品寄给经纪人，那么你绝不想冒着从此被拒之门外的危险，把还不够好的书稿寄给对方。

你必须尽可能把自己的文章或小说修改到最好。有时也许只需要细微的调整，有时则需要重新思考某个角色。有时朋友会很欣赏你的写法和题材，但觉得离定稿还远得很。你很可能会因此深感失望，但由朋友或另一半来告诉你，总比听到经纪人或编辑这么说要好得多。

我曾听过作家玛丽安娜·威廉森说，当你请求上帝进入你的人生时，你想象他会进入你的心灵之屋，四处打量，认为你只需换个新地板、买点好家具，稍微打扫一下即可。于是最初的六个月你照此去做，觉得有了上帝后人生是那么美好，但有天你从窗口望出去，却看到一个大铁球——原来上帝认为你心灵之屋的整个地基已脆弱不堪，必须拆掉重建。当你将自己的作品，例如小说拿给别人阅读时，有可能遇到如此状况。对方或许喜欢它，却仍然认为它很糟糕，需要花费很大功夫修改，甚至全部重写。

找到愿意读你草稿的伙伴之前，要勇于当只打不死的蟑螂

学生问我，如何找到这类伙伴？答案是采用与找人合组写作社同样的方式。唯一的差别是，你找的并不是一群人，而是一个。若你参加了写作班，可以在班上搜寻程度与你相当、你也很欣赏其作品的人，询问对方是否愿意找个时间跟你喝杯咖啡，聊一聊，看看能否合作。这有点像开口询问对方是否愿意跟你约会，说不定会令你想起七八年级时那些最难堪的经历。

若对方拒绝，最好等回到自己的车上后再完全崩溃，到时你想撕开衣服、哀号痛哭、尖声狂叫都行。当然，你很可能要先确认对方没有尾随你走到车旁。不过若他真的看到你崩溃也没关系，反正你从此再没必要对他友善。那家伙是个浑蛋。于是你连续两三个星期密集去看心理医生，直到重新振作，再去询问另一个你更喜欢的人。

若你明确知道某个聪明而有礼貌的人欣赏你的作品，不妨询问对方是否愿意读读你的书稿选段或你最近完成的短篇小说。若对方也写作，可以询问他是否也愿意让你看看他的草稿。如果这两个请求他都拒绝了，请装出友善的样子，不要让他更加看轻你。然后你可以搬到心理医生住宅附近的拖

车营区，直到再度振作起来，去问另一个人。

请马上甩掉那些试图摧毁你信心的浑蛋！

学生问我关于写作伙伴的第二个问题是：如果有人同意读你的作品，并跟你一起讨论，而你也愿意为对方做同样的事，但他针对你作品提出的建议，即使是用最和善的态度说出来，也是完全负面且极具杀伤力的，那该怎么办？你可能会泄气到极点，觉得自己遭到了背叛。你完成了这部非常大胆的作品，将呕心沥血的成果拿给某人看，对方却认为它一点也不好，告诉你很抱歉，他的感想的确如此。好吧，让我明白告诉你，我认为他根本不是这么想的。我认为他能从破坏你努力成果的过程中得到真正的乐趣，一种他从未感受过的、近似性高潮的乐趣。我觉得你应该立刻远离这个人，即使你已和他结了婚。任何人都不该对你说那种话。如果你写出了第一部长篇作品，想知道它是否可以被出版——老实说，它还远远不够格，这时应该有人以温和而非傲慢的态度让你明白这点，这会让你得到鼓励，从而更加努力——或许不是努力寻求出书的机会，而是努力继续写下去。这个人当然会建议你听取他人的意见，但如果他太咄咄逼人或太固执己见，不妨甩了这个浑蛋。你会容忍有人告诉你的小孩，他们缺乏绘画天分，没必要再画下去吗？或者他们的诗作不怎么有趣？当然不会。你会想找到这个人，给他点颜色瞧瞧。所以如果有人对你说出这类话，为何还要跟他继续合作呢？为何要把自己宝贵的时间留给这种浑蛋？

我担心耶稣若是听到我的这些过激言论，可能会想拿酒把自己灌到不省人事。但我的朋友帕米在过世前一个月，说了一句可能改变我一生的话。

当时我们在逛街，因为那晚我要跟男朋友去夜店，需要买条裙子。帕米坐着轮椅，头戴英国女王式的假发，双眼流露着放浪形骸的神情。我试穿了一件薰衣草色的迷你裙，跟我平日的风格大相径庭。通常我都会穿宽松如布袋的长罩衫。人们常说我的着装风格就像约翰·古德曼[1]。无论如何，那条短裙很合身，仿佛是为我量身定做的。我困窘又快乐地站在那里，然后问帕米："你觉得它会不会让我的臀部看起来太大？"她慢条斯理地回答："安妮，我真的认为你没有那么多闲工夫可以浪费在想这种事上。"

而我也认为你没有那么多闲工夫。你没有那么多闲工夫可以浪费在写作以外的事情上，比如一直担心自己写得不够好。我也认为，你没有那么多闲工夫可以浪费在无法以和善尊重的态度回应你的人身上。你不会想花时间跟让你窒息的人

1 约翰·古德曼：美国演员，身材高大圆胖。

相处。当你窒息时，便不可能有充实的感觉，而写作关乎充实。当你感到脑袋空空如也时，写作能让意象、想法和气味如流水般涌现、将你填满。写作也关乎克服空虚感，空虚感能摧毁许多缺乏朋友或配偶支持的写作者。

我的班上总会有几个纯粹的新手，他们需要有人读读他们的草稿，并适时给予他们尊重和鼓励。初学者总想把自己全部的人生挤进十页纸中，也总会忍不住滔滔不绝地谈论自己，即使他们作品中的女主角有一匹冠军赛马和一个经常涕泪纵横的酒鬼母亲，他们的注意力也完全集中在自己身上。但他们正在学习，需要打气，好让他们持续写下去。

只要你四处搜寻，我相信你能找到需要的人。我所认识的每一位写作者几乎都能找到一个既可以是朋友又可以是批评者的人。如果你们彼此适合，你立刻就会知道。这和寻找男女朋友很像，你会慢慢开始感到自己正逐渐进入某段早已在等待着你的关系。

23. 写信可以帮你摆脱灵感便秘

当你不知道还能写什么，脑袋完全当机，感到丧气、厌烦、痛恨自己，但又舍不得暂时停笔，想等待灵感出现时，或许可以尝试用写信的方式，描述一段你的个人经历，换句话说，描述一个人物的个人经历。书信相对随意的特质，能帮助你摆脱完美主义的桎梏。

如果你有儿女，不妨写封信给他们，或是写给你的甥侄或朋友。先在开头写下对方的名字，接着在第一行解释你将要诉说一段个人经历，将之交托给对方，因为这段经历对你意义非凡。

写信可以唤醒最优美动人的回忆与细节

我写作班上最好的作品，都出自那些想将个人经历告诉儿女的学生，包括他们自己的儿时情景、子女的成长经历、参与美国和平队在非洲荒野小村落服务的岁月，以及四十多岁时在捕鲸船上工作的境况。其中一位学生出身信奉浸礼宗的原教旨主义家庭，他写了一封长达两百页的信，向子女描述他在南方的童年经历，他如何逃离那个环境，在阿拉斯加的一艘捕鲸船上工作数年，在此期间找到了上帝，后来又在港口邂逅了他们的母亲。多年前的另一个学生写了一封篇幅堪比中篇小说的信给她的女儿，描述了身为美籍华裔护士的她在巴西圣保罗的经历，包括她记忆中看到、感受到的一切，以及种种想法。她在班上念了其中一部分，很多段落都非常优美、动人、有趣又哀伤，不少人为之落泪。后来，她将它用作了一部小说的情节。

不久前，一位杂志编辑请我写一篇文章，讲述我如何成为旧金山巨人队的球迷。我的确是巨人队的球迷，但临近截稿日期的压力和焦虑令我的脑袋一片空白。刚开始我能想到的，就只有我走进那栋从小居住的咖啡色小屋的厨房，发现我母亲和哥哥正在收音机前，弯着腰听巨人队比赛的播报实况，专注程度好比在收听日本偷袭珍珠港的第一时间报道。我开始期盼自己能告诉山姆身为巨人队球迷的经历，不希望自己人生的这部分被遗忘。但每当动笔，我唯一想得到的就只有那幕情景。于是，我开始找其他球迷，请他们谈谈自己的回忆，也跟着逐渐想起了一切：强光照射下烛台球场那巨大的鲜绿色场地，步入那里就仿佛踏进了奥兹国，又如探险家发现了格陵兰[1]！我记得自己当时担心外野那么大，恐怕需要二十个球员才守得住，但场上只有三人。

“亲爱的山姆，”我在纸的最上方写道，“我想告诉你，我小时候有多喜欢旧金山巨人队。”我抛开编辑在背后狐疑窥视的幻想，一边写，一边想象山姆有天坐下来读信时，会多高兴我写下了这一切。我开始对他描述记忆中垒道上那红得出奇的土、击球训练时的铿然巨响，以及身为观众一员、跟随全场情绪起伏的感觉如何。我打电话给朋友，互相比对记忆中的感受，谈论如何目睹大战中的胜与败、得意与屈辱。接着，我用文字告诉山姆这一切。我向好几个人询问他们对球星的回忆，例如胡安·马里克令人难以置信的高抬腿投球，我们有生以来见过最出色的击球员威利·麦考菲，还有盖洛·派瑞狡猾的口水球，他那副发狂、叫嚣、大汗淋漓的模样，使他活像个来自佐治亚州的乡巴佬。接着，我又想起了第一次看

1 奥兹园是《绿野仙踪》中的虚构国家，其中的每样东西都是绿色的，而“格陵兰”（Greenland）一名有“绿色土地”的意思。——编者注

到威利·梅斯守在中外野上的场景，我仿佛目睹了耶稣站在那里，当时我只有五岁。有个人在电话里提起了提托·费瑞斯，我的记忆便全部回来了。我记得当年有多迷恋他，甚至认为有天我们俩会结婚。我喜欢跟着大家一起喊他的名字："提托，提托。"觉得自己好像是《西城故事》里的角色。

在告诉山姆所有这些细节的同时，我渐渐领悟到，棒球运动更重要的意义是引领我们找回自己在群体中的位置。我们是群居动物，是一种具有高度群聚和社交倾向的动物，但文化差异、年龄差距，以及充斥于我们日常生活中的种种恐惧，几乎将每个人都限制在了自己的小框框里。若我们热爱棒球，它便能引领我们找回自己在群体间的位置。它能修复我们。

于是，我在给山姆的信里写下了上述一切，而回忆、细节、事实与感受也逐渐交织在一起。这封信就像拍立得照片显影般逐渐成形，而那篇根据信写就的文章清晰鲜明，充满气味、声音与希望。棒球正如人生，因希望而存续、脉动着，一旦脱离了希望便不会存在。信中也充满了我的人生回忆，山姆和他的子女会在未来的某一天读到。

24.
创作瓶颈不是障碍

在写作者可能经历的所有困境中，很少有比所谓的“创作瓶颈”更令人泄气的。那是一种焦虑的枯竭状态——你像死尸般坐在椅子上呆呆盯着白纸，感到脑袋打结，文思顺着双腿流下，从脚底漏光；或者你读着前阵子匆匆写在笔记本和索引卡上的笔记，它们看起来却像连环杀人狂理查德·斯派克随手留下的。此时，你又恰巧得知某位亲近的作家朋友写得正顺，源源不绝地创作出短篇小说、电影剧本、童书，甚至将一部长篇小说写了大半，速度之快，仿佛他是一座疯狂的隔热垫制造厂，那些隔热垫不断从窗口倾泻而出，只因为内部再没有足够的空间容纳。

当你真的写不出任何东西时，试着写写自己有多恨写作吧！

遇到写作瓶颈是难免的。你读着最近写下的少得可怜的文字，清楚地意识到它们全是垃圾。令人欣喜的充沛文思戛然而止，让你觉得自己有如华纳动画片里的歪心狼，毫无准备就已经跑到了悬崖尽头。或者你已有好一阵子写不出任何东西了。当你茫然不知所措，正处于精力和信心的谷底时，你将会被从此再也无法写作的恐惧袭击。你可能会觉得要写出一部小说，就像用牙医的钻子去攀登北美第一高峰麦金利山。情况令你感到绝望，或至少很凄惨，而你目前的想象力和规划安排也不足以帮你厘清状况，更别提获得有用的结论了。你知道自己想到的每一个点子，每一处引文和意象是从何处而来，但没有一个称得上新鲜。所有字句都十分耳熟，听起来全是陈词滥调。作家就像吸尘器，吸进看到、听到、读到、想到、感受到和明确表达出来的一切，以及周遭其他人听到、看到、想到和感觉到的一切。我们模仿、重现——我们是写作者。然而如果知道所有素材的来源，就会减损写作的魅力：你会认为它们平凡、老套，似乎根本用不着去费力挖掘，因为它们就在大家看得到的地方。你可能会觉得自己像是在用微波速食冒充亲手烹调的佳肴。

我们都曾遇到过这种事，那感觉就像世界末日来临，像小山雀遭到氢弹轰炸。不过重点是，我们不应该再将它视为瓶颈。认为它是瓶颈，只因为我们看问题的角度有误。如果太太把你关在家门外，不让你进屋，你不会认为这是门的错。

“瓶颈”意味着你觉得脑袋打结或卡住了，但其实你脑中根本空空如也。我在前几节提到过，这种空虚感就像随之而来的羞愧及挫折感一样，能毁掉不少写作者。你心知缪斯女神曾赐予你那么多文思泉涌的好日子，甚至多到足以让你完成一本好书，但此时你却连续好几天或好几个星期脑袋空空，仿佛女神突然告诉你：“够了！别烦我！我赐给你的已经多到让我受不了了！拜托，我也有自己的麻烦要处理。”

难题在于接受，而我们从小受到的教育要求我们别逆来顺受。我们被灌输的观念是必须设法改善艰难的现状，扭转形势，缓解不快。但若你接受事实，即你目前并非处于创造力的旺盛期，你便能解开束缚，让自己可以再次被填满。我常鼓励学生，处于瓶颈期时，不妨试着写一页文字，内容不拘，例如用三百字描述某个回忆、梦境，或者以想到什么就写什么的方式诉说自己有多恨写作——只是为了好玩，只是为了不让手指变僵硬，只是因为你已发誓每天必须写出三百字。在瓶颈期不妨试试这么做。

等待灵感苏醒时，别死盯着电脑屏幕，去户外走走！

我几乎每天都会提醒自己在帕米过世前六个月，一位医生对我说的话。这位医生总会直截了当地回答我的问题。我在那天晚上打电话给她，内心期待她能对帕米每况愈下的病情提出乐观的看法。她办不到，却说出了改变我一生的话。“请在这段时间好好看看她，”她说道，“因为她正在教导你如何生活。”

每当我写不出东西时，我都会用这句话提醒自己：用仿佛已走到生命尽头的心态生活，因为我们其实都离终点不远。把每天当成生命中的最后一天，让我们有机会去体验真实的当下。对于心知自己余日不多的人来说，每一天都很充实、宝贵，这跟孩童的生活方式很像，他们从不虚度时光。因此我不再死盯着电脑屏幕，强迫自己有所进展，而是告诉自己：“好吧，嗯，让我想想，如果明天就要死了，今天该做什么呢？”接下来我可能会决定用上午剩下的时间阅读华莱士·史蒂文斯的诗，或去海边散步，或只是亲身投入日常事务。这些都能重新启动用气味、想法、景象、回忆和观察把自己填满的过程。我或许会想在生命的最后一天写作，但我知道也有其他重要的选项。我想我会希望所做之事简单明了，我要活在当下。

在最初的阶段，也就是在你刚刚开始写作时，会有千万个促使你放弃的理由，这就是为何要求自己每日完成定量的段落或短文那么重要。令人泄气的声音会缠着你——“这些全是废话”，它会这么说，而且可能没说错，但你所做的只是练习；这些习作能帮助你越写越好，若你半途而废，练习就失去了意义。

我最新出版的那本小说写到三分之二时，我就碰上了实实在在的信心危机。症结在于有二十七篇书评对我的上一本小说评价很糟，使我有点怀疑自己的才能，也冲淡了出书的喜悦。于是，在这段信心危机期，我要求自己将关注的焦点完全放在这本小说的角色，而非这本小说上面。我每天花一点时间坐在书桌前，只是写下我对家人及年少岁月的回忆，然后去散步、看早场电影、阅读。在等待潜意识打开大门对我招手前，我都尽量待在户外。

潜意识终于召唤我了。我并没有体验到那种挺起胸膛、露出灿烂的微笑、拍掉手上的灰尘回去工作的经典时刻，反而更像是得了痢疾。前一秒钟我还坐在一旁处理自己的事，下一秒钟就已十万火急地冲到书桌前，连我自己都难以置信。

这个方法能帮助你抛开对于一手主导自身命运的渴望。我们耗费全部精力，企图让事情朝正确的方向推进，但事情并不会真如我们所愿。我们就像在河里挣扎的小虫，一举一动都被水下伺机而动的鳟鱼清楚看在眼里。因为知道这一点，我这样的人便会立下很多规矩，好让自己有主导一切的幻觉。但我必须告诉自己，亲爱的，你并不需要如此。你只需去感受身为小虫的乐趣，善待他人，抓住一小片河苔草，欣赏你虫脚划水的模样有多优美。

所有好故事都已存在于那里，只等有人以新奇、奔放的方式将它们诉说出来。马克·吐温说，亚当是唯一一个在说出巧言妙语时，确知那句话从没被前人讲过的人。生命就像资源回收场，人类的一切喜怒哀乐和关心顾虑都在世间反复循环、再现，你必须发挥感受力，比如拿出独特的幽默感、将心比心的同情或理解。

我们唱的也许是同一首歌，但每个人的诠释方法各有不同。有些人会不假思索地直接歌唱，加入许多动人的即兴桥段；有些人则会反复练习，直到能唱得像美声歌手一般。想用合理又令人耳目一新的手法讲述故事，需要具备的一切其实早已存在于我们每个人的心中。你需要的，就在你的脑海和回忆中，在你感受到、看到、想到、吸收到的一切之中。而在你的潜意识领地，也就是真正的创作进行的地方，有个小男孩正忙着把各种材料拼缝起来。当他准备好将成品，例如一个段落交给你，或让某个角色做出扭转整个故事方向的意外举动时，你会毫不犹疑地照章写下。所以，在“小裁缝”忙着工作时，不妨先出去呼吸点新鲜空气，写下每日例行的三百字后就出去散步，要不然你只会坐在书桌前帮倒忙。若你老是站在潜意识背后偷偷盯着它，它便无法好好工作。你会坐在那儿不断问它：“你做完了没有？你做完了没有？”而它正试图好声好气地告诉你：“闭嘴，走开。”

PART 4

第四部分

Publication—and Other Reasons to Write

刊登、出版，以及写作的其他理由

25. 为你的挚爱写一份献礼

作品出版不会改变你的人生或解决你的难题。它不能使你更加自信或美丽，很可能也无法帮你变得更有钱。从开始写作到作品出版的那一天，是一段长期积累的努力过程，而出书后的欢庆时刻通常很短暂。接下来我会详细讨论这点。

我们先来谈谈写作的其他理由。这些理由可能会令作家，甚至尚在争取出书的写作者大为惊讶。写作的竞技场上充满了获得优厚回报的可能性，而你的生活、自我感觉以及对“丰裕”的定义，也可能因此完全改变。

我至今有两次动笔写书，是为了将之送给我深爱却即将离世的人。我之前简短提及过父亲罹患脑癌的事情，它令我心生灵感，突然很想诉说一个哀伤的故事。故事充满戏剧性的起伏和幽默，讲述一位父亲和他三名十几岁的子女居住在一个小城，当地居民包括年纪老大不小的嬉皮士、有钱有闲的激进人士、艺术家、新新人类，以及普通人（无论你对“普通人”的定义为何）。这个家庭突然遭逢巨变——父亲罹患绝症，正逐渐步向生命尽头，无可挽救。

于是，我开始描述我们和过去完全两样的生活。我记录我的兄弟如何尽可能协助父亲、如何互相努力扶持，全家人如何试图保持幽默感并从这场变故中寻找意义，也描述了我们的心路历程。之前，我写了不少描述小城居民和景致的段落，如今读来依然很喜欢，此时刚好派上用场。但最好的部分是我父亲和兄弟在那段时期的经历。我快速记下他们说过的妙语，那些温馨的时刻、黑色幽默，以及当中的奇特之处。接下来我开始将这些素材组成一个完整的故事。我拿给父亲看，他认为这很棒：我将所有痛苦、恐惧和失落，化为一个关于爱与存活的故事。他把稿子还给我时，会举手对我做“黑拳敬礼”[1]，露出微笑。从某种意义上说，我拿给他的是一封代表亲情与爱的信。父亲未曾写下他对这段经历的看法，但奇妙的是我在他头脑仍能正常运转时完成了作品，让他得以读到完整的故事。他知道在脱下这副皮囊、前往另一个世界之

1 美国田径运动员汤米·史密斯与约翰·卡洛斯在 1968 年墨西哥城奥运会上登台领奖时，举起了戴着黑色手套的拳头，以抗议黑人遭到的歧视与压迫。——编者注

后，他和他的故事依然会长存在人世间。

我完成第一本小说的另一个动机，是我曾拼命想找些能逗我大笑的、讲述患癌经历的书，但这类书并不多，事实上，就我所知只有一本，即维欧蕾·怀加特记录她化疗历程的《死亡征兆》。我小说的主旨之一便来自她书里的一段话："究竟是人生苦短，因此没必要忍受委屈，还是人生苦短，因此没必要在意那么多？"我反复阅读这本书，在电话里将它大声念给我的兄弟听，之后又跑去图书馆询问："你们有没有其他关于癌症的有趣好笑的书？"馆员看着我的模样，仿佛我是在询问他们有没有讲述脊柱裂的喜剧片。似乎没有同类书籍了。我的小说描述了我家人的经历，揭示了一个家庭如何在面对可能令人崩溃的变故时仍尽力保持愉快。对于有亲属罹病的人来说，这样的书或许是一份受欢迎的礼物。这正是我诉说家人故事的目的：由于得到了朋友们的巨大支持，恐惧和失落之中也夹杂了喜悦与欢笑。它让我父亲尽可能愉快地走完了最后几个月，尽可能安详地离世，实际上可以说让他度过了一段很棒的日子——虽然从各方面来说都是痛苦、难熬的，却也很棒。

当然，并非每个人都喜欢我的书。有些人给出了差评。我个人最欣赏的一份书评刊登在圣塔芭芭拉的一家报纸上，说书中的黑色幽默让我们一家人看起来活像当代的"亚当斯一家”[1]。“这是圣塔芭芭拉人给你的书评，”我的编辑在随书评寄来的字条上写道，“那里的人永远不会死。”

十五年后，我的朋友帕米被确诊乳腺癌。我一直保存着一本日记，记录了儿子刚出生的那段日子。当时帕米常帮忙照顾他，因此大部分记录都与她有关，而此时我突然发觉她在我们身边的日子已不多了。于是，我将日记打印，寄给我的经纪人。山姆越长越高，帕米却越来越虚弱，我只能尽量加快速度，努力及时写完，好让她读到。我办到了。她过世前四个月，我将印好的书送给她。这也是一封表达爱意的信，写给她、山姆，以及她的女儿瑞贝卡。我让帕米知道，在她死后，她的一部分将会留在书页之中，以如此形式永存于人世。

我内心深处又一次相信，我的日记可以成为送给其他人、送给单亲妈妈的礼物。山姆刚出生时是那么娇弱可爱，但我找不到任何讲述单亲父母养育子女的书。市面上确实有一些写得很好的育儿书，但没有一本能逗我大笑，也没有一本谈到了育儿的阴暗面，例如溢乳弄湿胸罩之类的灾难。它们都太讲究、太理智，认定只要你做了这个或那个，得了急性腹痛的小宝贝就会很快康复、克制情绪。但事实真的不是如此。拥有一个小婴孩，有如家里突然住进了一位最恶劣的室友，

1 《亚当斯一家》是一部好莱坞恐怖片，刻画了一户居住在阴森古堡里的家庭。

就像是严重宿醉、经期综合征发作的詹尼斯·乔普林[1]与你同住。市面上所有育儿书都推荐用柔和的音乐安抚年幼的“哭叫专家”。于是，我晚上坐在山姆身旁，为他播放山峦俱乐部录制的河水声响。除了淙淙水声，录音带中还有蟋蟀、青蛙以及猫头鹰的叫声。他会皱着眉头左顾右盼一会儿，仿佛在说：“你疯了吗？你干吗不干脆放鲨鱼打架的录音给我听呢？”接着他会真的大哭起来。如果有一本育儿书，是由一位承认自己有时想抓着婴儿的脚踝、把他像大砍刀般举过头顶来回摇晃的母亲写的，我会觉得比较安慰。于是我决定动手自己写，当作给其他新手妈妈的指南和礼物。

帕米在山姆八个月大时罹患癌症，在她生病后，如果我能找到一本如实叙述了失去好友的经历，又不失幽默的书，我会感到宽慰。我决定自己写一本，将山姆和帕米的故事融入书中，送给他们，以及有类似经历的所有读者。

为心爱的人留下一份纪录，并帮助正在经历困境的人
——我出书的理由就这么简单

过了两三年，就在帕米过世的几个月后，一对跟我们很亲

1 詹尼斯·乔普林：美国女歌手，演出时会故意粗野地尖叫，在音乐中传递疯狂与神经质。因过量服用毒品英年早逝。

近的夫妇生下了一个男婴，但孩子先天不足，才五个月大就夭折了。我开始怀疑自己是不是会给人带来霉运。我和山姆花了很多时间陪伴那对夫妇和他们的小宝贝布里斯。他们把儿子照顾得无微不至，让我懂得了不少诀窍，我也从布里斯身上学到了很多。我很想将这些领悟告诉其他人。我想写下这些故事，送给那对夫妇当作礼物，这样或许能延续他们宝宝的生命。于是在布里斯活着的那几个月里，我每天都在索引卡上快速记录着，但并不确定自己是否真能写出一篇关于他的故事。我观察着内心经历的一切：我自然而然地认为紧闭心门比较安全，但其实保持开阔的胸怀并付出关爱才更安全，因为我们的人生跟爱与生命密不可分。我旁观山姆望着布里斯的模样，快速在索引卡上记录。我感到困窘又有点惭愧，因为我所记下的大部分素材都与痛苦及死亡有关，但我还是继续记笔记。

布里斯在那年五月过世。大约一个月后，我刚好有机会为一家电台撰写一篇时长三分钟的讲稿，于是我询问布里斯的父母，若我以他们的儿子为写作主题，会否让他们感到隐私被冒犯。他们表示不会，而且恰恰相反。于是我拿着索引卡坐在书桌前，望着桌上的一英寸相框，开始写道：

> 上个月，山姆第一次亲眼看到过世的人。朋友的小男婴夭折了，我们整个早上都陪着他们和小宝宝。他只有五

个月大、八磅重，比出生时的十磅体重还轻。裹着雪白受洗袍的他，躺在婴儿床顶端的一个大篮子里，下半身撒满花瓣，宛若一朵白玫瑰。房里摆满鲜花和点燃的祈愿蜡烛，还有好几尊佛像以及耶稣的画像（因为他母亲是佛教徒，父亲是基督徒）。布里斯像是一个来自白雪覆盖之处、备受关注的小天使。没有一个人，包括山姆，能将目光从他身上移开。他看起来宛如天神。

“你做了什么？”当我提起这件事时，亲戚们问道，“你带山姆去看了什么？”那语气仿佛是想问：“下次你还要带他去看什么，脑部手术？”我无法解释为何我觉得这么做是对的，毕竟我从小受到的教育告诉我，应该畏惧疾病与死亡（尤其是早夭和衰老——很讽刺），但我认为这让我的人生极易受到损伤。我当然希望山姆过得比我好。

我有不少朋友死于癌症和艾滋病，但布里斯是山姆有生以来第一次亲眼看到的死者。山姆似乎不觉得害怕，或许是因为布里斯的遗容看起来如此美丽。布里斯对死亡并不陌生：他在生产过程中停止了呼吸和心跳，急救七分钟后才恢复过来，可以说是重生，但事实证明，那七分钟对他造成了很大的损害。他的双眼是深灰色的，总是睁着，他从没哭过，也从没笑过，甚至没眨过眼。

布里斯母亲的佛教徒朋友称他为“云端男孩”，因为他被困在天堂和人世之间，并没有真正抵达这两处。他父亲的基督徒朋友则时常帮助一家人料理三餐。每个人都会抱他、摇他。我和山姆会花很多时间读书给他听，大部分是苏斯博士的童书。

“他是个好宝宝。”山姆有天如此肯定地告诉布里斯的父母。当初他们俩在完全不知该如何照料布里斯的情况下，在他三周大时将他带回家，因为他们不希望他在医院过世。他们只希望他待在家里，身边有他们以及他们朋友的陪伴。身为朋友中的一员，是种奇妙的体验。有些人觉得布里斯很可怜，认为父母将他带出医院是疯狂的举动。我们其他人虽感到难以形容的哀伤，但也体会到了某种神圣的存在，与个性、品格和年龄无关。

“他是个好宝宝，”有天我和山姆为布里斯念了一会儿故事书后，山姆在车里跟我说，“但他很脆弱。”

布里斯过世时，他的父母打电话给我们，问我和山姆是否会过来。他们很悲痛，但还撑得下去。那天早上山姆带了两件礼物，放进篮子里送给宝宝。一件是一颗球，让他带到另一个世界里玩，另一件则是电影《回到未来》里的时空旅行车模型。我和布里斯的父母至今依然纳闷山姆挑选这件礼物的理由。

那天上午离开朋友家后，我带山姆去了当地的保龄球馆。这是他的另一次初体验。整件事怪异又真实，反而带点神圣的意味。我们在儿童专用球道上玩了一个小时。“你带他去了哪儿？”我的亲戚问，而我说不出确切的理由。这跟想要摆脱肃穆感、完成生与死的循环有关。保龄球是人生的缩影——你掷出保龄球，球瓶有时会倒下。但我也想让山姆看到，无论你朝神圣至善投掷多少球，它都会永远存在。

我在电台朗读这篇短文前，先将它念给布里斯的父母听，他们不仅打电话告知了每位亲友电台播放的时间，还将它录了下来。布里斯将永远活在他们心中，就像帕米及父亲永远活在我心中一样（这或许是我们唯一能真正拥有一个人的方式），但我依然想以某种方式为所爱的人描绘具体的形象，重现那些美得难以形容、改变我们、丰满我们的时刻。

托妮·莫里森说：“自由的作用在于解放他人。”若你已不再被某人或某种生活方式困扰束缚，不妨说出你的经历，大胆解放他人。并非所有人都会赞许你的行动。你的家人和某些书评人或许会希望你别把秘密说出来。好吧，那么你该做什么呢？正是把它们全部写下来，从你脑中倾泻到纸上。写出一篇拙劣无比、放任自我、充满抱怨与呜咽的初稿，然后尽可能将多余的枝节删掉。

有件事我未曾向你透露，关于我的短篇小说《阿诺》：我除了每隔几个月便将最新修改稿寄给父亲的经纪人外，也会将之寄给一家重要杂志的编辑。对方将稿子退了回来，附上一句话："你的错就是误以为发生在你身上的每件事都很有意思。"不用说，我当然有被侮辱的感觉，但那句话并没有阻止我继续写作，反而帮助了我，虽然我坐在桌前，准备写下父亲的患癌经历时，内心依然会因为那位编辑指出的错误而惶恐不安。我很想避免再犯。于是我先写下发生在全家人身上的每件事，然后再删掉过度自我沉溺的部分。我并不是想借这本书为自己留名，我只想为父亲写一本书，希望它能帮助经历过类似情况的人。有些人或许会认为这本书太像自白，牵涉太多私人情绪，但他们对我的看法与我无干。我要描写我的父亲和我最好的朋友，让他们在离开人世前读到我的书。你能想象吗？我为两位我深爱又尊重的读者写书，而他们也爱我、尊重我。所以我尽可能认真仔细又满怀情感地为他们写作，我多希望自己能永远这样写作。

26. 寻找你的风格

套用别人的风格写作，会让你的作品淡而无味

——拜托！生活已经够平淡了！给我一点热情！

我有一次在录音带上听到一位演员谈论在现代社会努力寻找上帝的历程，以及人们如何只想追求一切世俗物质——钱财、房产、美貌、权力，因为我们认为这些能让自己感到充实，但结果却是一场空。它们只是道具，当我们离开人世，便要将其全部归还给天上那位伟大的道具师。

“它们只是借来的，”他说，“并不属于我们。”

关于学生模仿他们最欣赏作家的文风一事，这卷录音带改变了我的看法。它帮助我领悟到，仿效他人的风格是很自然的，但那只是你暂时借用的道具，到时候还是得归还。不过，它可能会帮助你获得一样千真万确、并非借来的东西，那就是你自己的风格。

我经常在课堂上要求学生简短地写明他们为什么想写作，为什么要来上我的课，为什么要投入这份有时痛苦、有时烦人的工作。他们一再给出的原因是："我不想再沉默下去。"他们都是听话的孩子，经常感到自己淹没在人群中，曾目睹过一些可怕的事情。从某一刻起，他们不再说出自己看到了什么，因为每当这么做便会遭到惩罚。如今他们想正视自己的生命——面对人生，不想再因为这么做而受罚。但找到自己的风格并不容易，忍不住借用别人的方法是难免的。

每当伊莎贝尔·阿连德推出新书，我都会非常开心，因为又有了好书可读，但我也会很不高兴，因为班上会有半数学生开始模仿她的风格。我热爱阿连德女士的作品，也欣赏许多中美和南美洲的作家。当我阅读他们的书时，感觉就像是坐在夜晚的营火旁，听他们不断诉说玄妙奇特的故事——它们有如机关繁复的布谷钟，除了会跑出鸟儿和少女，还有当当的铜锣与钟铃声。我了解学生为何会受这类风格吸引。它就像远古艺术，简单直接又具有装饰性，色彩丰富，拥有令人赏心悦目的传统形式，同时具备大量朦胧隐约、可感却不可见的精致巧妙，总令我觉得像在观赏一出天马行空、加入了大量特效的舞台剧——竟有那么多生命正在分崩离析！但更重要的是，这种风格为想象力提供了养分和奇景。我喜欢进入这些奇妙的世界，身在其中的感觉像是反拿着望远镜，一切都变得渺小迷人又多样，而现实生活通常太庞大、混乱、乏味又伤人。当阿连德这样的作家为故事角色的生活、家人和鬼魂增添色彩，将魔幻与现实缠绕、交织在一起，运用引人共鸣的笔法加以描述时，你不禁会想：对啊，人生确实如此。

我很能理解学生们希望自己的作品也具有同样的效果。然而几个月后，安·贝蒂的新作问世，他们又开始在交上的作业中模仿她的风格，描写透亮的碗钵和窗玻璃，却一如既往地无法令人信服。我们的生活的确浮于表面，贝蒂将这些浮光掠影描写得很美，赋予它们光彩，展现细节，但当我的学生模仿贝蒂的风格时，他们的故事通常淡而无味，使我忍不住说："生活已经够平淡了！给我们一点热情！"若我将要阅读这样一篇故事，主人公是一群开大众汽车的人，他们遭遇的也都是像大众汽车那样扎眼的大问题，当作者写到他们把车开上结冰的湖面时，我希望自己能感觉到冰层底下寒冷彻骨的水，甚至看到有人落入水中。我希望写作者能打破表面的冰层，潜入寒冷混浊、难以看清的现实生活中。我希望他们钻进冰洞——那些我们试图用一切道具填补的洞。在这些冰洞之中存在着各种可能，包括看清自己是谁、窥见人生奥秘的可能。

杰出的写作者会持续描写冰层之下寒冷黑暗的湖水和与世隔绝、不见天日的洞内世界，照亮它们，让我们得以拨开树枝和荆棘，绕着深坑边缘跳舞，朝洞内大喊、丢石头，同时不会掉落其中。它再也无法吞噬我们了，我们可以继续前进。

赶走那些阻止你冒险犯错的人，你才能发展出自己的风格！

一位已经戒酒的朋友曾对我说："酗酒时我是个不省人事的怪物，戒酒后我就只是个正常的怪物。"他对我描述怪物的模样，听起来跟我心中的那一只很像，只差没涂上睫毛膏。当人们用微弱的亮光照出心底的怪物时，会发现这些怪物都很类似。那副遮遮掩掩、迷惑闪躲的模样，让我们认为它们必定邪恶到了极点。但如果人们让内心的怪物现身，诉说自己的故事，就会发现每个人都想过和做过同样的事情。这是我们的命运、我们的处境。我们不会因此被贴上标签，而是会分享各自的历程。

我们写作是为了揭露被掩藏的事物。若有人叮嘱你不可打开城堡的某扇门，你一定要进去一探究竟。否则，你只能在早已熟悉的房间里把旧家具移来移去。大多数人只想将那扇门锁紧，但写作者的任务是发现门后究竟有什么，去探查里面那件阴冷暗淡、讳莫如深之物，将它化为文字写出来——若我们办得到的话，不只是化为文字，也赋予它节奏和旋律。

你必须先找到真正属于自己的表达风格，才能办到这一点。如果父母老是在背后窥视你正在写的东西，你便难以找到自己的风格，无法探查那扇门后的状况，并向我们一五一十地坦诚描述。最初叮嘱你别去打开那扇门的人，或许正是你爸妈。有他们在，你便无法把话说出口，因为会有一个小小的声音对你说："噢，别说，那是秘密。""那是脏话。""别告诉任何人这些事，否则他们会厌烦的。"你得深呼吸、祷告，或做点小仪式把他们赶走。就当他们死了一般写下去。正如我之前所说，我们稍后再来讨论诽谤中伤的问题。

"但为什么呢？"我的学生会这么问，急切地盯着我，"为什么我们需要打开那些门？为什么我们要用自己的风格说出真相？"我也盯着他们看了一会儿，然后说，我猜因为这是我们的天性。此外，我认为你笔下的大部分角色都像孩童一样相信，若真相昭然，他们会被视为好人。真相希望被人道出。不被承认的真相会消耗你的精力，使你和故事角色显得疯疯癫癫，但若你开门让真相显现，便能感到全然的解脱，甚至欣喜。我们不妨相信《多马福音》中耶稣的话："若把存在你内心的事实说出来，它将能拯救你；若你不将它说出来，它便能毁灭你。"

你的真实经历只能用你自己的话说出来，若是借用他人的风格，会令读者起疑，就像偷穿了别人的衣服。你无法依靠别人的生活写作，只能揭露自己的内心。有时套用他人的风格会令你感到安全舒适，表面看起来光鲜亮丽。它能让你放松下来，乐于去接纳他人的语汇、节奏和观点，但你写出来的东西会失真，因为它并非你的亲身体验。当你试图用他人的风格或语汇，捕捉自己的真实经历时，便等于朝你的所见所闻退远了一步。

真相、事实，随你怎么称呼，它是生活的根基。上周日，我在教会听见一位年近百岁的黑人老先生大声宣布："上帝是你的归属。"我之所以提到这句话，主要是因为我至今创造的每一个吸引人的角色，包括我自己，内心都有强烈的失根感和渴盼归乡的愁绪。看到一个人终于将自己向来远远避开的那扇禁忌之门打开，是件奇妙的事。暴露在我们眼前的并非人的卑劣，而是人性。最终你会发现，真相，或事实，正是我们的归属。

不妨看看两个极端的例子。你已经领悟了贝克特的作品所揭露的真相，即我们非常孤独。这个世界令人畏惧、苦恼、厌恶，你只能盼望在向下沉沦时，偶尔会有人伸出援手，或给你一点温暖、一点鼓励。贝克特作品里的救赎非常幽微：在《等待戈多》的第二幕，一棵树光秃秃的枯枝末梢出现了一片叶子。就只有那么一片叶子。虽然很少，但足以让贝克特没有跑去自杀，而是写作。

或者，你所知道的真相跟上述情况完全相反——上帝无所不在，我们都被安放在正确的位置，有机会领悟更多。你也许会认可诗人华兹华斯、鲁米的观点，或史蒂芬·米切尔对约伯的描述：

“肉体终归尘土，个人的悲喜亦是幻象。就仿佛我们所感知的这个世界，这整场美妙惊人的盛会，是一个表面薄如空气的泡沫，无论里外，均闪耀着纯净的光辉。降临在我们身上的苦与乐都像是稍纵即逝的反光，死亡则有如一根针。”

但光是坐在草地上满足地微笑，避开你的伤口、愤怒和哀痛，并不能获得任何真相。你的伤口、愤怒和哀痛是通往真相的路。如果我们不去探查那些他人一直要求我们别去开启或步入的房间、橱柜、森林和洞穴，我们便无法得到多少可诉说的真相。等我们进入其中，四处探查好一阵子，深呼吸，最终吸收并消化所发现的一切后，我们便能用自己的话将之说出来，把握住当下。

而那个当下，正是我们的归属。

为写作付出一切

27.

你必须拥有为写作付出一切的决心！

安妮·迪拉德曾说，每一天，你都必须为手上的工作付出你所拥有最好的一切，而非将之留给日后的计划。若你慷慨付出，总会得到更多。这是一个大胆的建议，因为它违背了人类的本性，至少是我的本性。我总会想办法逃避，只在每天固定的写作时刻能毫不迟疑地将创意和文字倾泻出来（这类时刻我会感到文思泉涌，有如希腊人左巴[1]般敲打着键盘），但除此之外，我就像只紧张不安的小松鼠，忙着囤积，总是担忧存粮不足，双手僵硬，用来创作的头脑呈呆滞状态，潜

1 希腊人左巴：尼科斯·卡赞扎基斯同名小说的主人公，是一个四处漂泊、对生活充满热情与欲望的老人。

意识也罢工了，不再从那锅大杂烩中挑选它最喜欢的材料剪剪缝缝。

你必须付出，付出，再付出，否则就不可能有动力写作。你必须心甘情愿地不断付出，而付出也将有所回报。作品被采用和出版，并不是天大的重要之事，但学习付出的过程是。

当你将自己拥有的一切献给笔下人物和读者时，作家这份工作可能偶尔会令你觉得自己像个养育三岁小孩的单亲家长，这个小孩奇妙、可怕，令你抓狂、义无反顾，又满怀爱意。幼童有时会让你觉得自己仿佛违反了某条古老的律法，身为异端的你非死不可。但有时他们也会伸手抚摸你，像祖父母临终前用手指慈爱地摸着你的脸，想借此永远将你记在心里。有天晚上，我和山姆躺在床上，当时三岁半的他轻轻抚摸我的双颊，好似抚摸被晒伤的肌肤般温柔。“我爱这张小脸。”他说，仿佛下一刻就会捏着我的脸颊用希伯来语宣布，“这张神赐的漂亮的脸。”

然而第二天山姆对待我的态度，却像是把我当成了花花公子俱乐部中他专属的兔女郎，仿佛他的酒早在半小时前就喝完了，而我没有好好服侍他。

他们终究是你的儿女和你的作品。你生下他们，必须每天喂养、照料，给他们意见，就算他们不理你，你也必须爱他们。

你能从三岁子女的成长过程和写书的过程中学会付出。你将学会为另一个人奉献自己、改变自己，或许这正是快乐的秘诀，也是你写作的理由之一。即使你的儿女和创作绑住了你，榨干你，打搅你的睡眠，搞得你心烦意乱，恶劣对待你，之后你也会发现，他们为你带来了你一直在寻寻觅觅的宝物。

有两个想法促使我付出。首先是我几乎将自己接触到的每一个人都视为急诊室里的病患。我看到了他们身上许多严重的伤口和脸上茫然失措的神情。玛丽安娜·穆尔曾说："世界是个孤儿院。"这几乎比我所知的一切都来得真实。还好我们很多人能从写作中得到抚慰：想想，你有多少次打开一本书，读到当中的一句话，会脱口而出"没错"？我希望自己也能带给人们这种有所共鸣、心有灵犀的感受。

其次是想想哪些作家曾为我写作过，然后督促自己写一本书回报他们。他们触动我，而我又将之推荐给了更多人的那本书，是他们用自己的人生创作出来的。

阅读比其他世俗物质更能丰富你的生命，若非如此，你也不会投入写作。因此，不妨写一本书回报奈保尔、玛格丽特·阿特伍德、温德尔·拜瑞，或任何一个你钟爱他的文字，而他的文字又促使你爱上写作的作家。尽可能努力写好你的作品。人类所能体验的最棒的感觉之一，便是款待他人、为他人付出。人们知道可以从你这里得到食粮和陪伴，这正是身为写作者应该提供的。

你的付出能帮助读者脱离愁苦、变得更有勇气

加州伍德埃克镇灵磐中心的杰克·孔菲尔德曾向我讲述了一个关于付出的真实故事，是我听过最动人的。一个八岁男孩的妹妹罹患白血病，时日无多。父母向他解释，他的血液很可能与六岁的妹妹匹配，若是如此，他便能成为捐赠者。他们问他是否愿意验血，他答应了。两人抽血后通过了配型检验，于是他们又问他是否愿意捐给妹妹一品脱的血，那是她活下去的唯一希望。他表示需要一个晚上考虑。

第二天，他跑去告诉父母，他愿意献血给妹妹。他们带他去医院，让他躺在妹妹病床旁的另一张床上，两人都挂着吊瓶。护士从男孩身上抽出一品脱血后，再通过吊瓶注射到妹妹体内。当血慢慢滴进妹妹的输液管时，男孩只是默默躺在床上，直到医生进来察看他的状况，他才张开双眼问道："我有多快会死？"

有时你必须怀着那个男孩一般的纯真无私来写作。写作需要融合世故与纯真，需要良知，需要相信某事因其正确而美丽。伟大的艺术必须有所指向。若你已远离了纯真无私，就

很难看出投入写作的意义何在。我亲近的朋友们几乎都毛病诸多，但我知道他们仍保有纯真，我可以从他们的脸上和他们的决定中看出来。我几乎可以肯定，你也依然保有如此特质，你可以默默为他人牺牲、奉献。

见过世面后依然保有纯真是一种天赋，是你能够献出的一份礼物。我们身为人类，理应对这个世界敞开心胸，而非抱着强烈的防御心封闭自己。你所献出的一切，都能帮助你的读者变得更好、更有勇气，再度对这个世界敞开胸怀。你不见得非得是个乐观主义者才能做到这点。我的牧师朋友兰肯自称是个“快活的悲观主义者”，这种心态足以帮助他脱离愁苦的心境，不至于像胎儿般蜷缩在自己的小角落。

现在不妨想象一下，这种自闭的心态可能非常适合用作情节高潮来临前，你笔下某个人物的状态，因为战胜内心的冷漠木然是绝佳的创作主题。在现实生活中，多数人并不会真的蜷缩身体，以逃避内心的感受。大部分人会沉溺在工作、感情、药物、酒精或暴饮暴食中，但因此导致的漠不关心是相似的。

你可能会发现，你笔下的人物还没有发展到能够战胜内心冷漠的阶段，或者至少是还没有准备好。粗暴对待世界或陷入麻木，可要比充实地生活让人舒服和放心得多。就像那个关于“自欺欺人”的老笑话：一个妇人对动物园中大猩猩的力量与美深深着迷，无法移开目光。猩猩正靠着铁栏杆睡觉，尽管告示牌上明令禁止游客触碰动物，她仍把手伸进铁栏抚摸它。被吵醒的猩猩勃然大怒，一把扯开铁栏，凶狠地攻击她，把她伤得只剩半条命。最后园方用麻醉枪射倒大猩猩，妇人则被送进加护病房，在生死边缘挣扎，但终究还是慢慢好转了。四天后，院方准许访客探病，她最好的朋友来了。妇人几乎连眼睛都睁不开。“天哪，你看起来很痛苦。”朋友说，妇人叹了口气。“痛苦，”她说，“你不明白什么才叫痛苦。它既不打电话来，也不写信给我……”

这是我最喜欢的笑话之一，因为我很熟悉这样的人，你认识的人中可能也不乏此类。她或许还没准备好战胜内心的麻木，也可能已经准备好了。你可以给予她某样东西，让她能够发现、面对并战胜自己内心的浑浑噩噩，但你必须先在自己的内心深处找到它，将它贡献出来，说不定这个妇人便会清醒。然后她也会拥有可以献给你的东西，拥有一首要唱的歌。或许不见得真的是一首歌，可能只是一小段旋律，一小段关于生存的动人旋律。

28. 出书的迷思

等待编辑回复的过程，让我信心全失、万念俱灰

好吧，我们就来谈谈出书以及跟出书有关的迷思。

假设你已经写完了一本书，或一本书的初稿，或几篇短篇小说，你将它们寄给你的经纪人（如果你有的话），或某个朋友的经纪人。暂且假设你已经有了一位负责处理你稿件的编辑，或一位曾在退稿信里称赞你的编辑，你将自己的书或短篇小说寄给了他和几位朋友。我之前提过，我是那种一将手稿寄出便终日心神不宁的人。邮件还在路上，我就已经陷入冰冷、凝滞、折磨人的泥淖，满怀苦涩及愤恨。有些写作者会挽起袖子着手准备下一部作品，你可能就是其中之一。

我绝不可能像这类人一样，尽管我知道这类写作者是存在的。无论如何，若你跟我类似，你会等了又等，每天查看十次邮箱，每次都因为没有回音而垂头丧气。最后，若你幸运，一周后会收到经纪人助理发来的回复，通知你他们已收到稿子，你的一位朋友可能也会打电话告诉你，他读了一部分稿子，觉得你写得不差，要你别担心，但你依然心情低落，因为你还在等他们打电话告诉你稿子很棒。每次电话铃响，你都忍不住祈祷："噢，亲爱的上帝，拜托是他打来的，一定是他。"结果却不是他。于是你万念俱灰，干脆跑去狂吃一顿，觉得你的大多数朋友都很虚伪。接着你冷静下来，决定去散个步。你感觉好些了。然后你试着去读点东西，结果忍不住读起了自己的书稿，因为它写得太糟而羞愧不已。就在你快要崩溃时，你的朋友来电告诉你，他刚读完另一章，以他孙子的灵魂发誓，这真的是你有史以来写过的最好的作品，他爱它，也爱你。

于是你又觉得没事了——这感觉只持续了十分钟左右。

过了一星期，你打电话给经纪人，因为你无法再装作若无其事了，但经纪人还没看你的稿子，他正忙着处理一大堆更重要的事。他带着一丝不耐烦告诉你，只要他一看完你的稿子，或得到编辑的回音，就会马上打电话给你。一切都会很顺利，好吗？觉得好点了没有？经纪人这么问你，而你只想撕烂他的脸。但你没有，你只能祈祷。

接着你突然领悟到，你的经纪人和编辑根本早就串通好了，你从他话语中听出的那点不耐烦，其实是拼命压抑歇斯底里症发作的结果。他们两人其实整个上午都在通电话，从你的书中挑出段落念给对方听，认定你的作品是有史以来写得最烂的，简直不忍卒读。他们一起干呕、尖声狂笑。在争相把男主角父亲过世的段落念给对方听时，你的编辑还一度因为笑得太厉害，不得不吞服了几颗毛地黄丸，以免心脏病发，你的经纪人则差点笑断了喉头的血管。

若你真的已经跟他们签下了合约，你可能会猜想，编辑此时大概不得不挂断电话，好去跟出版社的法务人员讨论，他们是不是必须要把欠你的最后一份预付稿费付给你，或者能否就已经付给你的费用向你提起诉讼。

但你唯一能做的，就只有等待，等待，再等待，直到你的经纪人或编辑终于打来电话，告诉你这本书很棒，预计将在三月、九月，或某个时候出版。接下来你会有几个月的快活日子，跟文字编辑配合，修润、删改你的书稿，每一个步骤都令你安心喜悦。然后是无比神奇的校样：你的书稿被编排得漂漂亮亮，就像有另一个人参与了创作。

出书不会带来惊天动地的人生转变，只会让你抓狂
——你可能会心神不宁、歇斯底里，不得不服用镇静剂

许多门外汉会认为出书是写作者生涯中的一大喜事。它当然是吊在我学生们眼前的一根最大、最鲜美诱人的胡萝卜。他们相信，只要作品被采用，他们的人生就会马上出现惊天动地的改变，而且是好的改变。他们的自信心会大大提升，所有的自我怀疑都会像打错的字般被删除。过去人生中那些写满失望、拒绝以及信心缺乏的段落，都会像被按下清除键般一扫而空，取而代之的是平静安然的自我肯定和归属感。然后他们便能以炽烈的热情拥抱这个世界。

但事实并非完全如此，或至少我的情况不是这样。

对我来说，这有点像预产期前的最后几个星期，或是第一次上七年级体育课时的情况。预产期前的最后几个星期，你看起来大腹便便，也感觉自己很臃肿，激素水平的改变使得你脚踝浮肿，闻到烹调蔬菜的味道就感到恶心。至于第一次上七年级体育课时，老师在发放运动服前，会先要求大家按照体型大小排成一排。你不是感觉自己像外星人般只有一百二十厘米高，就是觉得自己像黛安·阿勃丝镜头下的犹太巨人。

噢，过程一开始其实还不错。在你的书预计出版的几个月前，你会拿到一本样书，也就是你的书稿经打字编排后的

试读本。到了这个阶段，我总会大大松一口气，因为此时出版商似乎不可能取消出版合约了。这些样书也会被寄给数百家报纸和书评人，令你更加相信，既然出版商已经投入了这么多制作经费和邮费，他们非出书不可。

第一次阅读你的样书，感觉有如置身天堂。但读第二遍时，你只能看到没被挑出来的错字，仿佛是喝醉酒的排字工人用冻伤的脚趾打出来的。错字很重要，它们会使你显得愚蠢无知，像个愚昧的种族主义者。等读到第三、第四遍，你便会发现整本书中没有一行新奇、深刻，或至少还能补救的句子。读到第五遍时，你不再确定出版这本书对你是好事。

不久后，你在《出版人周刊》和《科克斯书评》上看到了最先刊出的书评，书评中的一些话听起来活像是你妈写的，其他部分则暗示你是个没什么料又爱炫耀的失败者。他们希望你死掉，这样以后就不必再读到你的作品。我曾在新书正式出版前被书评人痛批，说我践踏了生命的深层内在。也许他们并没有真的这么说，但我从字里行间看出了他们的真实意思正是如此。不过你会挺过去的。也许你没有戒酒，所以会痛饮一大缸马天尼来麻醉自己；也许你已经戒酒，只好狂吃糕饼和墨西哥菜。然而日子终究会一天天过去，你新书上市的日子来临了。

你可能会对新书上市的日子心存幻想。你以为在这个特殊的日子里，你清晨就会被电话铃声吵醒，一接起电话，便听到出版商兴奋地告诉你，他们已经雇用了蓝天使特技飞行队，飞机将会越过你又小又破的屋子上空，只要你新书的销售数字一路上升，你就可以搬出去。如果出版商没有雇用飞行队的话，至少也该送你鲜花。

我记得有一年，我和朋友卡本特的新书正好在同一天上市。我们整个夏天都在谈论这件事，假装不抱太大期待——我假装不看好他的书，他也假装不看好我的书。新书上市的一周前，我们几乎每天早上都在谈论自己有多兴奋，我们引颈期盼了这么久，就像小孩期盼圣诞夜一般。重要的日子终于来临，我愉快地醒来，已经开始对即将面对的赞美和关注感到不好意思。我煮了咖啡，脚趾抵着地板，不安分地扭来扭去，然后打电话给帕米和两三个朋友，接受了他们的祝贺。接下来，我等待电话铃响。但电话并不知道它担有如此重责大任，只是像死了一般冷冷地沉默着。到了中午，它的一声不吭开始令我心神不宁。幸运的是，中午是痛饮一天当中第一杯啤酒的时刻。我像一条忠犬般坐在电话旁守候，等待它响起。它终于在下午四点钟响了。我拿起电话，听到卡本特有如连环杀人狂般歇斯底里的笑声，接着我也变得歇斯底里，最后我们俩都不得不服用镇静剂。

他送花给我，而我也在知道他这么做之前送了花给他。

他送给我的花非常漂亮，大多是玫瑰和鸢尾花。

大致的情况通常会如此糟糕，玫瑰和鸢尾花的那部分除外。我想说的是，若你心里想的是得到名声和财富，出书这件事会让你抓狂。幸运的话你会收获几篇书评，有的评价不错，有的很糟糕，有的很冷淡。你会有几场签售会，也许还有一些朗读会，你的出版商将在其中一场会上拿二十磅重的圆形布里奶酪招待来宾，但只有一个人前来捧场，这个人从十岁起就在街头流浪，但就连他也没待多久便离开了，因为他讨厌布里奶酪。你和书店职员会拿这件事开玩笑，你会为五个人朗读，他们也报以热情的响应。你可能还会接到几场采访邀约。接下来，就在你认为一切稳稳当当时，你会看到第一篇真正令人崩溃的书评，说你的书是狗屎。可喜可贺的是，这篇书评正好登在当地报纸上，所以你的每一位亲友都会读到。你可以想象好几十万人早上喝着咖啡，一边读着这篇书评，一边大声念给身旁的人听，咯咯笑着说书评人真是一语中的。于是你大哭大叫，你的作家朋友们也打来电话表示同情。他们真心为你感到难过和愤愤不平，也知道你觉得自己像头负伤的动物、狂怒的公牛。他们说了些适当的话，告诉你他们爱你，也爱你的书，他们一年前也有过类似的遭遇。只要是写作者，就会遇到这种事。这是事实，我就碰到过，若你有机会出书，几乎可以肯定你也会遇到。

写作最好的回报就是写作本身，“全心投入”才是意义所在

出书这件事，其实意味着一个社群对你的肯定，证明你写得不错。你获得了一个永远不会丧失的地位，即一位出过书的作家。你靠如此难得的身份谋生，从事你最热爱的工作，这点的确能带给你平静的愉悦感。

但最后你还是得像其他作家一样，再次坐在书桌前，面对纸上的一片空白。

你会满怀信心和冲劲开始写第二或第三本书，因为你已经是个作家了。你仍会写出错误的开头并感到恐惧，因为你必须再次证明自己的能力。人们可能会发现你只是昙花一现，不过是靠着新手的好运。如今我已经明了，要减轻所有的担忧和恐惧，必须靠持久努力的写作，同时不要太常停下来欣赏自己及已出版的书。也许没过多久，你便会发现自己正在准备，或已实际着手在写作下一本书了，你将再次发现真正的回报其实就是写作本身，你完成作品的一日就是幸福的一日，而全心地投入正是意义所在。

“她什么时候才能讲到写作的喜悦啊？”后排的学生哀叫道。我还没讲到吗？我当然想告诉你，坐在书桌前写作的每一刻，都跟我所能想象到的最好之事同样美妙，但对我来说，

山姆、我的教会、我的好友和家人才能让我感到喜悦，而且身在户外通常比坐在书桌前更常让我感到喜悦。我内心的一部分很不想承认：我喜欢当一个出过书的作家，那简直是美梦成真。我不想承认这一点，首先是因为现实状况复杂得多，其次是我不希望让尚未出书的写作者两手一摊，说道：“你看，没错吧？无须多言，出书是很大的奖赏。”

成为写作者，成为一个大多数日子里都能写出东西、出过书并受到了肯定的人，能带给你极大的满足，这是事实。我随时随地怀抱着这种感觉，每天不时碰触它一下，以确定满足感还在。即使我写作的大部分时间中都感到压力沉重、心灰意冷，但我暗自怀抱着小小的成就感，就像在心脏旁边装了一块能量电池，缓缓释出抚慰，传送到我的全身，但我们得为此付出不小的代价。

关于这点，没有人比某位杰出的小说家讲得更透彻了。我曾在一档谈话节目上听他说：“你想知道我为了成为作家付出了多大代价？好，我来告诉你。我经常乘飞机，而且总是坐在事业有成的生意人旁边。对方忙着处理文件或在电脑上打字，好一阵子才注意到我，于是随口问我从事什么工作。我回答，我是个作家。接着总是一阵可怕的沉默。然后他热切地问，你写过什么书，有我听说过的吗？这就是我为当作家付出的代价。”

我则在某次和山姆去商场购物时体验过类似的状况。当时我刚出版的新书极受瞩目，我即将在旧金山赫斯特戏院举办的一场盛会上登台亮相。我决定为这个场合买一件新礼服，于是和山姆走进一家服装店随意看看。店主走过来招呼我:“你有什么特别想找的款式吗？”

我回答:“嗯，我将出席一个特殊场合，想找件礼服。”

她问:“是晚宴吗？”

我回答:“不是，我其实是要登台。”

她问:“你是歌手吗？”我感觉脑中的丛林战鼓开始咚咚作响，警告我别多说、别给自己找麻烦，但我已经开始习惯受到瞩目了，于是我清清喉咙，踮了一下脚尖说:“不，我是个作家。”

她说:“哇！我什么书都读。告诉我你的大名。”

我知道我有麻烦了，而且是大麻烦，但我的自我膨胀得有如亿万富翁洛克菲勒。两种感觉混杂在一起，我的理智明白此刻要打住已经太迟了。于是我说:“不，你不可能听过我的名字，而这一点会让我感觉很糟。”

她依然坚持。“不骗人，”她说，“我真的什么书都读。”我内心的一部分相信自己很有名，只要我一自报家门，她的反应就会像歌星保罗·麦卡特尼亲临了她的店，但理智的那部分明白，我肯定下场凄惨。此时我开始祈祷，只不过我是在向她祈祷：拜托，别让我说出名字。我露出羞涩的微笑，仿佛我们刚刚说笑完毕，此刻我该去找山姆了——他正躲在一排裙装底下，发出很大的噪声。

“贝丝，贝丝，”店主突然大喊，“快过来！”一个年轻女子从后面的房间走出来，脸上带着期待的表情。“贝丝，”店主说，“我是不是什么书都看？告诉她！”贝丝说：“没错，没错，是真的，她什么都读。”店主和善地看着我，说：“好啦，说嘛，你的大名是？”

我叹了口气，微笑，最后决定松口：“安·拉莫特。”她热切地盯着我。整间店安静无声，只有山姆在衣架下发出的噪声。然后她噘起嘴，慢慢摇着头。“不，”她说，“我想我没听过。”

我用了一个多星期的时间外加一大堆廉价巧克力才从这件事中恢复过来。接着我又记起，当众人在你头上撒玫瑰花瓣，令你的自尊满足喜悦之时，要小心，总会有香蕉皮突然出现在你脚下。你要确定你没有把那些世俗之事看得太认真，不会因此大啖垃圾食物。

如果你想出书，应该先提升自我实力，并问问自己到底够不够格

据我所知，出书和心理健康的关系可以用电影《冰上轻驰》中的一句台词概括。这部电影讲述了牙买加首支雪橇队的

故事，他们的教练是一个体重四百磅的胖男人，二十年前曾赢得奥运雪橇项目金牌，但从此便一蹶不振。雪橇队员们很想赢得奥运奖牌，就如我班上一半的人都很想获得出书的机会。但教练说："如果你不够格去争夺奥运金牌，你就不够格得到它。"也许你可以把这句话贴在书桌前的墙上。

每当我获得成就，或获得众人视为成就的好结果时，香蕉皮就会出现。上帝很喜欢恶作剧。例如上星期，我终于参加了国家慈善组织在旧金山举办的一场十分有名的文艺聚会。我等了好多年，每年眼睁睁看着六位作家受邀出席，也渴望自己成为当中的一位。对于这件事，我曾试着看开，我真的曾尝试这么做。我了解主办单位只能邀请全国知名的大作家，以尽可能吸引观众，这很有道理，但年复一年，我总会因为未能受邀参加而感到沮丧。终于，今年主办方询问我能否参加，我雀跃无比。如今我没那么傻了，我知道这对我的自尊心来说是一大盘上好的可卡因。我知道这是世俗名利，但我的心依然像飞上了天似的。

不过有一个小小的问题：我是最后一刻才受到邀请并答应出席的作家，因此我的名字没有列在三个月前发出的新闻稿中。公关主任在我答应出席后又发出了第二份新闻稿，但报社早在几星期前便登出了最初那份星光熠熠的名单，我的名字没有被包括在内。我感到愤愤不平，因为那是报纸最重要的一版，不过我够成熟，也够坚强，足以面对这类失望。之后报纸的图书专版也登出了那场聚会的相关消息，我又被漏掉了。这次公关主任打电话来，语气苦恼又满怀歉意，令我感觉好过了些。后来报纸的社交版块也用大篇幅报道了聚会的消息，你猜怎么着？感觉就像重新回到了七年级。公关主任再次打电话来，听起来是那么沮丧，甚至让我觉得她可能正一边跟我讲电话，一边往自己的嘴里灌下水道清洁剂。我突然很想哭，难以控制情绪，感到不被重视，根本无法再谈下去。几小时后，我意识到，若我本来就不够格受邀参加这场盛会，那么就算真的参加了，我也不能变得够格。想要够格，应该设法提升自我才对。

在我苦苦思考出这个结论的一小时后，我不禁张大了嘴——我竟然忘掉了那是一场慈善聚会！我居然把它当成了展示我自己的星光大道。

真好笑，我竟会如此。我终于露出笑容，想起有次在收音机里听到拉姆·达斯谈论成功学——大多数人从小受到的期望是长大后功成名就，但若真的依循这种想法，到最后只会徒劳一场。因为你也许比别人成功，但总会有其他人比你更成功。你只会把自己逼疯。

还有一件关于出书的事：那本促使我买新礼服出席盛会的书，上市后相当畅销，但我发现自己被众人的关注吓呆了，感到不知所措，每隔几天便需要一套新对策，否则我就会缩回自己的小角落。我的内心变得骚乱不宁，仿佛我在一个充斥着噪声、闪光和垃圾食物的游乐场待了太久——我渴望平静和安宁，却又不想离开。我就像《匹诺曹》里的坏小孩，在欢乐国流连忘返，最后变成驴子。我明白自己的灵魂生了病，亟需心灵上的建议，而那个建议不可以太复杂。于是我去找我儿子幼儿园里的牧师。

牧师看起来只有十五岁。我们谈了一会儿，我发现他只是看起来年轻而已。我告诉他，我定不下心、情绪起伏、精神无法集中、退缩、迷惘，同时又试图寻找某种难以捉摸的安宁感。"这个世界无法给予我们安宁，"他说，"也无法给予我们平静。我们只能在自己的内心找到它。"

"我恨这点。"我说。

"我了解，但好消息是，因为只存在于内心，这世界同样无法夺走它。"

The Last Class

结语
让写作成为你一生的归属

在最后一堂课上，我有好多事想对学生说，有好多事想提醒他们。我无数次告诉他们：书写你的童年往事，书写你一生之中观察力最敏锐、感受最深、对这个世界最兴趣盎然的阶段。通过挖掘并了解你的童年往事，你能学会将心比心，而这种领悟与共情将帮助你学会写出深刻、有智慧并富于情感的文字。

写作涉及感知。当你的感知变得更敏锐，以单纯、深刻、实事求是的态度写作时，就有能力启发你的读者。他们会从你的文字和你刻画的景象中认知自己的生活和真相，进而减轻我们每个人心中都有的强烈而可怕的孤寂。

不妨直截了当地将情绪诉诸文字，不要太过隐晦和间接。

别畏惧自己的过去或素材。你该怕的是浪费了太多时间担心自己看起来如何、别人又会怎么看你。你该怕的是没有写完作品。

如果你内心拥有某种真实的体验或感受，读者就很可能认为它是有趣的，说不定也能引起所有人的共鸣，因此你应该大胆地将真实的情绪当成作品的重心。直接写出对人事物最深层的感受，直面自己的脆弱。别担心会太过多愁善感，你该担心的是文字会否显得心不在焉、虚情假意。别担心别人不欣赏，只管照你所了解的如实写出来，若你是一个写作者，你便有这份道德义务。这也是一种振聋发聩之举——毕竟真相总是具有翻天覆地的力量。

不要害怕面对你的创伤，让痛苦化作永恒、美丽的文字

伊桑·卡宁主张，绝不要为了泄愤而写作。我则告诉学生，只要他们擅长描写这类主题，倒也不妨始终为了泄愤而写。如果曾有人跟他们作对、恶劣地对待他们，我会大力鼓励他们写出来。我有两个学生想要描写小时候父母从后院拣顺手的树枝鞭打他们的往事。我告诉他们，好好利用这些回忆，它们是属于你的。你不应该受到如此对待。就我个人而言，写下这类往事，部分是为了弄清楚它们究竟有什么道理，部分则是为了泄愤。说到这儿，我们正好可以讨论一下诽谤中伤的问题。

英文中的“诽谤”（libel）一词，指的是以书写或印刷出来的文字损害他人名誉的行为，诽谤者故意用恶毒的言语议论他人，导致对方受到误解和伤害。举个例子，假设你的前夫在工作和生活中有独特的癖好或习性，刚好他的客户和朋友也知道，因此能从你的文字描述中认出他，那么你可能就需要大幅更改细节。若大家都知道他常把脚指甲留得很长，就将脚指甲改成鼻毛。若他习惯染黑发，就改成他会擦粉底，可能还会上点腮红。不过，若他在你面前表现出自恋又反社会的倾向，不妨针对这种性格展开描写，将他说过的话作为素材，只要人们不会从你的描述中认出他即可。改动会令人特别联想到他的内容，删掉描述他偷窃癖的文字，删掉他实际上开的车型，以及他对抽烟的人十分厌恶，甚至在烟灰缸里种了一棵小树的事实。假装你是他的第一任妻子或女朋友，而非第三任妻子，不要提到他讨人厌的小孩，尤其是那对红发双胞胎。若经过仔细的掩饰和改动，人们无法凭借个人特征或工作习惯认出他，你便能将他用在作品中。我能给你的最好建议是，你可以把他的生殖器写得很小，这样他就比较不可能出面告你。

我知道这让我听起来像个怨妇。

我有一位学生的母亲在他小时候常用厨房的炉火烫他，

作为惩罚。“把它用到作品里。”我告诉他。

“可是她已经老了，”他说，“一直过得很不快乐。”

我告诉他我感到心痛。你可以更改她的外表、年龄，以及故事的发生地。如果你是独生子，就说主人公家有五个兄弟姐妹。若你家有三个小孩，就将主人公写成独生子。你可以把她写成单亲妈妈，将糟糕的父亲用在另外一篇故事中。如果父亲不在场，就自己创造一个。

那家伙写了好几篇关于他童年的绝佳故事，故事中的母亲外表一点也不像他妈妈。故事中的母亲有一头金发和一双暖棕色的眼睛，在连锁超市工作——当儿子不乖时，她会把他的手抓住，放在炉火上。有次他一念完自己的故事，全班立刻响起如雷掌声。

我的一位朋友不久前爱上了一位非天主教的牧师，起初他表现得博学多闻、超凡脱俗、温柔亲切，后来才发现——就实话实说吧，他根本就是个矮小霸道又恶毒的浑蛋。她不知道是否可以把他写成作品中的角色。

“噢，”我对她说，“你一定要这么做。”

“我是不是一定要把他写成高个子，这样他才不会起诉我？”

“不，不。”我回答。你可以将他写成一个未受教育却喜欢舞文弄墨的人，而非心理学专家。给他编造一段过去：两个太太，以及好几个多年没见面的儿女。把他写成一个相貌平平、有烟瘾的无神论者。

再给他换上跟鸟蛋一样小的生殖器，这样他就绝不会出面告你。

也许这并非泄愤，只是想要如实说出事情经过。或许这也关乎“努力在痛苦中寻找意义”。任何理由都成立。莎朗·奥兹有一首诗，名为《我回到一九三七年五月》，我总会将它分发给每一班的学生看：

我看见他们站在大学正门前，
我看见父亲漫步穿过红砂岩拱门，
红砖在他脑后如闪着血色微光的弯板。
我看见母亲夹着几本书，
站在小砖叠砌的柱前，
身后的铁栏门敞开，
在五月的空气中，
如剑的栏尖乌黑。
他们即将毕业，他们即将结婚，
他们还是孩子，他们很愚蠢，
他们只知道自己还纯真，绝不会伤害任何人。
我想过去告诉他们，
停，别这么做——他和她根本不相配，

你们将会做出超乎想象的举动，
你们将会对孩子做出糟糕的事，
你们将遭受闻所未闻的折磨，
你们将痛不欲生。
在五月末的阳光下，我想过去告诉他们。
她渴切又一无所知的漂亮脸蛋转向我，
她美丽单薄的处子之身，
他骄傲又一无所知的俊秀脸庞转向我，
他挺拔单薄的处子之身，
但我没有说。
我想活在世上。
我将他们像纸娃娃般拿起，
让他们的下半身互相撞击，
仿佛他们是将碰出火花的燧石，
我说去做你们想做的事吧，而我将诉说。

就我所知，如果你写了一本讲述你个人婚姻的小说，而你的另一半是公众人物——例如政客或心理医生，你在书中透露了关于他很劲爆的内幕，可能全是实情，包括他会穿着女仆装跟你做爱、拿发油助兴，出版社的律师就会来拜访你，焦虑又不快，因为你的另一半能说服陪审团相信他遭到了诽谤，这会让出版社因诽谤罪赔付数百万美元。最妥当的处理方式是，尽可能多地掩饰和变更个人特征，同时添枝加叶，使他成为综合了几个人特征的虚构人物。然后再赋予他超小的生殖器和反犹倾向，我想这样应该就没有问题了。

当你觉得动笔写作艰难又孤独时，别为自己难过。你看上去是渴望写作的，那就去写吧。你不见得一定要参加写作班。我不会追着你，把你拖来课堂。你很幸运，能成为那群渴望用文字堆砌沙堡的人之一，渴望创造出一个能让想象力尽情漫游的世界。我们用回忆构筑这个天地，想象和往事是我们塑造沙堡的材料。

我们一方面相信，当海浪来袭，我们不会真的失去什么，因为存在于沙滩上的，只是我们脑内思绪的一个象征；但另一方面，我们又认为自己能够想出办法，将海水引到别的地方。艺术家和一般人的差别便在于此：我们拥有一个深植内心的信念，相信只要我们的沙堡构筑得足够坚固完美，海水就无法将它冲走。我觉得成为这种人很棒。

每天都要规律地写，让写作成为你一辈子的归属

现在很快就要下课了，就像夏令营结束前的半小时，所有人都已经在停车场集合，等着把行李放上巴士。

我想我已经将自己知道的关于写作的每个概念都告诉学生了：短文、拙劣的初稿、一英寸见方的文章、拍立得相片，还有不要害怕犯错、积极寻找伙伴等等。很多学生带着自己写过最好的十页书稿，满怀着作品被出版社采纳的期盼来到我的班上上课，如今却怀疑如此期盼只是白日梦。我不这么认为。大多数人的作品或许无法得到大型报社或出版社的青睐，他们不会登上畅销作家榜和电视脱口秀节目，不会成为名嘴大卫·莱特曼的好朋友或跟莎朗·斯通约会，不会靠写作发大财、买豪宅、养名犬、去高级餐厅——这些是许多人梦寐以求的。他们不相信，如果这些梦想成真，有可能会给他们带来更多的心理问题、更大的压力、更多的自我怀疑。反正他们多数人并不会梦想成真。

但我仍然认为他们应该写下自己内心拥有的一切，如果可能的话每天都写，持续一辈子。

然而，每当我建议他们全心投入写作、为创作付出所有，因为他们能从创作中找到慰藉、方向、真相、智慧和骄傲时，他们总会带着强烈的不满望向我，仿佛我是在要求他们加入刺绣社。他们的内心愤怒不满，这正是他们写作的原因。

所以且让我再进一步说明，我们当中的很多人（有些是出过书的作家，有些则不是）认为这种充斥着阅读、写作和书信往来的职业生涯很惬意，几乎可以说是太理想了。一位在十八岁时脱离基督教改信诗歌缪斯的朋友表示，这种生活能鼓舞心灵，令人更机敏，为我们提供挑战、喜悦、痛苦和承诺。我们将写作视为职业，而它带给我们财富和朝气的可能性就跟当神父一样。身为写作者，经过多年便会拥有无数滋养和刺激心灵的体验。这些体验会安静地深藏内心，不受雷霆闪电或战栗的天使干扰。我的神父朋友汤姆告诉我，他向来渴望获得心灵的体验，每当喝了酒，他便特别想去教堂，看看圣母马利亚的雕像是否会对他招手。有时在酒精的影响下他的确看到了——她只是很快地挥了挥手便重新坐下。但等到清醒后，他会感受到一股强烈的自由，这感觉蔓延至他的胸口、心肺、灵魂，他便能确认自己得到了一种千真万确的体验。这种强烈的自由感正是我的学生，尤其是那些加入写作社的学生告诉我的。但讽刺的是，你得通过强迫自己每天规律地写作，才能获得内心的自由。

成为写作者也能彻底改变你的阅读方式，让你在更深入品味并全神贯注地阅读时，明白写作有多艰辛，尤其是你要在读者面前表现得轻松自如。你开始从写作者的角度阅读，你的关注点也和过去截然不同。你会研究别的作者如何以新奇、大胆、独特的方式描写事物，留意他们如何在不刻意堆砌大量细节的情况下，具体呈现一个迷人的角色或时代。一旦你领悟到个中巧妙，你可能会将书放下一会儿，在脑海中细细咀嚼、品味。

在我写作时，总会有这样一些时刻：若有人知道我在这些时刻的感觉，恐怕会把我处以火刑，以寻求同等的畅快、满足和狂喜。当然，我为这些时刻付出了极高的代价，遭受了无数的苦恼挫折、自我厌恶和单调乏味的窘境，但写完当天的规定字数，我便有东西拿出来示人。当古埃及人建完了金字塔，金字塔就是他们的作品。或许他们是作家的好榜样：他们认为自己是为神建造了金字塔，因此怀抱着对神的敬畏，一心一意地工作。（我的朋友卡本特告诉我，他们还会整天喝酒，每过几个小时便停下来休息，帮同伴涂油。我相信我的作家朋友们也会做这样的事，只是从不让我加入。）

我们所处的社会似乎正步向灭亡，或者已经灭亡了。我并非刻意要语惊四座，但黑暗显然正在浮现。甚至在中世纪，情况都不会像现在这么怪异、吓人。但无论社会形势如何，艺术家的传统仍会延续下去。这也是写作的另一个理由：人们需要我们，为他们忠实映照出彼此的样貌。写作者不会说："看看自己，你们这些笨蛋！"而会说："这正是我们的模样。"

在这个阴暗、伤痕累累的社会，写作可以带给你快乐。这种快乐类似啄木鸟在树干上啄出了巢穴，然后宣布："这就是我的安身之处，是我生活的地方、我的归属。"这个安身之处或许狭小黑暗，但最后你将明白自己在做什么。经过三十年或更久的跌跌撞撞和失败挫折，你终究会明了并认真面对一个事实，即你免不了要处理一直以来逃避的创伤。这势必非常痛苦。它使很多因为怕痛而不愿去面对的人没多久便放弃了写作。这些人是为了名声和金钱才写作的，因此他们不是早早放弃，就是写出来的作品无关痛痒、华而不实。

别低估在写作中找到归属感的巨大效力：如果你了解并亲身体验过的事实，通过脑中那些盼望你为之发声的人物或素材呈现出来，你会感到自豪。成为写作者意味着从属于一种高尚的传统，就如成为音乐家一般，被纳入最后一批平等而开放的群体。无论是否真能得到名声和财富，全心投入写作都会帮助你往前迈进一大步，不再像以前一样对外界漠不关心、不愿付出，沉溺在对过往挫折的悔恨中。

即使只有写作社的同伴会读你的回忆录、短篇或长篇小说，即使你只是写下自己的故事，写下自己的所见所闻，好让儿女日后知道你的童年生活，知道你记得镇上每只狗的名字，这依然是一种高贵之举，因为你排除万难，将它写在纸上，使它永远不会被遗忘。何况，说不定哪天你写下的内容就会对其他人有所帮助，成为揭示真相的一小块拼图。你甚至无须知道它会以哪种方式或基于什么理由派上用场，若你尽可能清晰、坦诚地写作，努力去理解与表达，文字本身便会像在纸上发光的小小灯塔。它们并不会转动着搜寻迷途的船只，它们只是在原地闪耀。

最后一问：究竟为何要写作？

为了心灵，为了减轻孤独

你只要一个字一个字地将你想到的写下，灵感便会来敲门。你可以像个工匠，也可以像个艺术家般砌着砖墙。你可以将写作当成例行工作，也可以将它当成一件乐事。写作过程中你可以像被叫去洗碗的十三岁孩子般不情不愿，也可以像表演日本茶道般细心专注，让自己完全沉浸其中，同时找到自我。

有时，无论世事看起来有多糟糕，我都会感觉我们像是全部在参加一场婚礼，只是你不能直接站出来说："我们在参加婚礼！来吃点蛋糕吧！"你必须创造一个能让读者进入的世界，一个能让他们感觉婚礼正在进行的天地。以前有幅漫画，画的是一只老狗背靠着沙漠中的一株仙人掌坐下，写信给它的兄弟："晚上太阳下山，星星出现，早晨太阳再度升起。住在沙漠真令人兴奋。"这就是婚礼的感觉，不是吗？你需要自我约束、信念和勇气，才能参与其中，因为若你希望感知敏锐、希望成为写作者，就必须如我的朋友戴尔所言般自问："我希望自己变得多有生机？"

成为艺术家（而非疯子或不停给编辑写信的人）最棒的一件事，就是你能从事一项极具满足感的工作。即使你从未有作品被报刊或出版社采用，你依然拥有一项可以全心投入的重要工作。你的父母和祖父母会朝你大喊：别这么做，别坐下来写，别坐下来写！而你该做的是像小时候一样让他们闭嘴，继续探索人生。

我凝神看着学生们的脸，他们则严肃地回望着我。

“那么，请再说一次，为什么我们的文字那么重要？”他们问。

因为灵魂，我说。因为心灵。写作和阅读减轻了我们的孤独感。它们能为我们的人生增添深度和广度，扩宽视野，滋养心灵。当写作者让我们不禁为他们的文字和所发掘的真相动容，甚至忍不住为我们自己或人生大笑时，我们也会恢复乐观的心态。它鼓励我们与人生的荒谬共舞，或至少与它一起鼓掌，而非被它一次又一次地击溃。这就像在海上遇到狂风暴雨时，依然能在船上放声歌唱。

你无法让狂风暴雨止息，但歌唱能改变同船众人的心灵与精神。

Acknowledgements 致谢

我想在此感谢马丁·克鲁兹·史密斯（Martin Cruz Smith）、珍·范登堡（Jane Vandenburgh）、伊桑·卡宁（Ethan Canin）、爱丽斯·亚当斯（Alice Adams）、丹尼斯·麦克法兰（Dennis McFarland）、欧维尔·席尔（Orville Schell）以及汤姆·韦斯顿（Tom Weston）。这几位作家多年来给予了我有关写作的智慧建言，我对他们满怀感激。

若没有我的编辑杰克·舒梅克（Jack Shoemaker）持续不断的支持和远见，我便无法完成这本书。我的经纪人查克·维瑞尔（Chuck Verrill）与南茜·帕玛·琼斯（Nancy Palmer Jones）一样出色，后者是这本书的文字编辑，她以高超的技巧、温情和细致编辑着我的作品。

我要再次感谢加州马林市圣安德鲁长老会的教友们，若没有他们，我想我根本不可能活到今天。

山姆有天对我说：“我对你的爱，就像二十只暴龙和二十座山叠起来那么高。”而我对他的爱也一样。